汇剧于心：
大学生自己的青春故事

——杭州电子科技大学校园心理剧集锦

主　编　王亚楠

副主编　（按姓名首字母排序）

陈　洁　胡瑞恒　聂雪林

潘晓琰　乔樱子　杨怀胜

西安电子科技大学出版社

内 容 简 介

  当学生进入大学时代之后，生活将变得与以往不同，各种困惑和烦恼也会接踵而至。例如，大学生们会发现理想与现实之间存在差距，可能因丧失生活目标而茫然不知所措，渴望获得友谊却始终感到孤独，鼓起勇气追求但被所爱之人拒绝，也可能内心充满压力却无处排忧解烦……当面对成长中的诸多烦恼时，大学生应该在心理上做好怎样的准备来面对和解决这些困扰和问题呢？这本书中所展现的故事，正是大学生在校园生活中真正看到的、想到的、体验到的，希望通过分享这些精彩的故事，帮助大学生适应现阶段的学生角色，帮助他们化解成长过程中的烦恼忧愁，让他们懂得如何去应对现在和未来人生中的一些问题，从而成就更加优秀的自己。

图书在版编目(CIP)数据

  汇剧于心：大学生自己的青春故事——杭州电子科技大学校园心理剧集锦/王亚楠主编. —西安：西安电子科技大学出版社，2019.7
  ISBN 978 - 7 - 5606 - 5356 - 3

  Ⅰ. ①汇… Ⅱ. ①王… Ⅲ. ①话剧剧本—作品集—中国—当代 Ⅳ. ①I234

中国版本图书馆 CIP 数据核字 (2019) 第 117330 号

策划编辑	李　伟
责任编辑	王　妍　阎　彬

出版发行　西安电子科技大学出版社(西安市太白南路 2 号)

电　话	(029)88242885　88201467	邮　编	710071
网　址	www.xduph.com	电子邮箱	xdupfxb001@163.com

经　销　新华书店
印刷单位　陕西天意印务有限责任公司

版　次	2019 年 7 月第 1 版	2019 年 7 月第 1 次印刷
开　本	787 毫米×960 毫米　　1/16	印张　12.875
字　数	200 千字	
印　数	1000 册	
定　价	30.00 元	

ISBN 978 - 7 - 5606 - 5356 - 3/I

XDUP565800 1 - 1

＊＊＊＊＊如有印装问题可调换＊＊＊＊＊

前　言

　　每个人皆有内在的感受——一个"内在的孩童"。当一个人孤独困惑且无人可诉时，该怎么办？他只能与自己对话。在观看心理剧或者阅读心理故事时，观者可以看到一位正在通过自我调适或他人帮助来解决心理问题的人。作为一名观众或读者，人们可以站在第三者的角度去思考，这恰恰也是思考可能存在于自身的困惑或问题的过程。因此，心理剧为人们提供了一种发现、思考及解决问题的思维途径，帮助人们更快乐、更智慧、更有建设性地去设计自己的人生。特别是优秀的剧目，能让创造者和观看者产生情感共鸣，感同身受，从而促进个体健康，幸福地学习、工作和生活。

　　基于这一理念，经过心理教育中心全体教师多年来的积累与努力，心理剧已经成为杭州电子科技大学的特色校园活动。本书中所有素材均来源于大学生的自主创意。我们希望通过汇编出版学生创作的优秀作品，引导大学生发现很多与自己有相似经历、感受或反应的同伴，明白"自己并不是那个唯一的"而得到释放和成长，帮助大学生提升自己对外界的包容性，激发自身的创造性潜能，从而更加积极地面对生活。因此，本书不仅是一本学生成果集合，更是一本心理自助手册。

　　本书包括五篇内容，分别是：

　　第一篇《破茧成蝶》——建议你把认识自己作为人生的课题，引领你去面对世界上最困难的课程，帮助你了解自己、悦纳自己并成长自己。

第二篇《桃花潭水》——与你讨论人际交往中的种种烦恼，引导你去学习人际互动的沟通技巧，帮助你学会解决人际困扰的调适方法。

第三篇《寻情觅爱》——为你呈现校园恋爱中的情感困惑，希望你能领悟爱的含义并培养爱的能力，慢慢学会如何去爱与如何被爱。

第四篇《寸草春晖》——与你探讨"亲情"这一永恒话题，希望你会感恩不求回报的父母之爱，时常惦念并问候心系于你的远方亲人。

第五篇《情满人间》——和你分享人间自有真情在的故事，引领你学会体会生活中点滴的美好与感动，通过自己的举手之劳让世界变得更加美好。

本书的完成要感谢众多从事心理健康教育工作的教师们，要感谢投身于心理咨询工作的咨询师们，还要感谢奉献于学生工作的一线教工们，正是他们与学生之间的亲密互动、深入交流和整理总结，才让本书的内容更加鲜明、更加生动、更加丰富！

感谢正在阅读本书的你，虽然我们的故事不是那么完美，但期望你能从书中收获心灵的温暖和人生的启迪。

马克思主义学院心理教研室　王亚楠

2019 年 2 月于杭州电子科技大学

● 目 录 ○

第一篇 破茧成蝶

　　许多心理问题，以及许多工作与生活中的烦恼，都与"自我认识"有着密切的关联。西班牙作家塞万提斯说过："人应该了解自己，而了解自己也是世界上最难的课题。"我们有了解自己的迫切愿望，但却往往很难了解自己，因为评判自己的是我们自己。如果一个人能够客观地认识自己，知道自己的优势与不足，把自己放在一个比较恰当的位置上，正确评价自己以及自己与他人的关系，既不骄傲自负，也不敏感自卑，就能比较好地解决人生将要面对的事业、人际和情感等方面的危机，获得自身的完满感和幸福感。有人说，外面的世界很精彩，我们需要去看看。其实，内心世界同样有趣，我们是否准备或已经开始好好探索了呢？

第一集　遇见更成熟的自己

【主创人员】

黄采楠、何永霞、李亚文、斯朗拉措、汤婉玮、王亦周

【剧情简介】

全优是一个在各方面都非常优秀的女孩，高考以高分进入杭电，日子也过得顺风顺水。从暗恋的学长拒绝自己开始，她身边的所有事情都变得一团糟。她困苦烦恼着一切事与愿违，直到平行世界的另一个她——"全差"来到了她的身边……

【出场人物】

全优：事事要求优秀的女大学生

全差：表现唯唯诺诺，即全优的另一面

学长：全优喜欢的人

亲人：外婆、母亲、表妹、舅妈

其他人物：女生甲、女生乙、女生丙、男生一、男生二、室友A、室友B

【心理剧本】

❧ 第一幕 ❧

【全优走上舞台】

旁白：她叫全优，全是全部的全，优是优秀的优。如同她的名字一样，优异的学习成绩、融洽的社交关系、良好的家庭环境，从小到大，她都是家长口中那个"别人家的孩子"，每当家庭聚会的时候，话题总是围绕着她。

【家庭场景】

外婆：小优呀，听你妈妈说，你今年又评上三好学生啦？

全优【一边吃饭一边点头】：是啊。

外婆【给全优碗里夹一只大闸蟹】：我们小优真乖！快多吃点。

表妹【凑过身，伸手够】：我也要吃大螃蟹！

舅妈【拿筷子打了女儿伸出的手】：数学才考了那么几分，就想着吃吃吃。看看你全优表姐，优雅端庄，女孩子就要像她那样。你呀你，净给我丢人！

表妹【在一旁撅嘴，同时发出轻哼声】：我抗议，我就要吃。

舅妈：抗议无效，你哪天也像小优一样给我捧回来一堆奖状，妈天天做你喜欢吃的。

【舞台灯光熄灭后亮起；教学楼场景】

旁白：在学校里，全优也一直是同学们佩服欣赏的女生，时常在私下谈论她。

甲：你们知道全优吗？

乙和丙【快速接话】：知道啊！

乙：就是那个上学期考了我们专业第一的女生吧！啧啧啧，十足的学霸一枚啊！

丙：就是啊！厉害呐！

甲：人家何止是学习成绩好，人家还是才女呢！那可是琴棋书画样样精通啊！

乙和丙【非常惊讶】：不是吧！那么优秀！

甲：那可不，我也是在一次才艺比赛中知道的，真不愧叫全优啊！

乙和丙【有点丧气】：唉！真是人比人，气死人啊！

【全优走到她们面前】

甲：瞧！就是她，她来了，我们走吧。【甲、乙和丙走下舞台】

【舞台灯光熄灭后亮起；校园场景】

旁白：全优是学校的风云人物，积极参加学校的各种活动，受到许多男生的青睐与仰慕。

男一：全优同学，我有些话想和你说，我……喜……【羞涩的神情，讲话略结巴】

全优：同学你好，我觉得我们应该把所有心思都放在学习上，等你足够优秀了再来追我吧。

男一：不好意思，那打扰了。【男一伤心地离开，全优无奈地摇头】

男二：全优同学，这么美丽的花，只有你才配得上，希望你能够喜欢。【拿出一束花并单膝跪地】

全优：花？你俗不俗气？我倒觉得我们班主任会喜欢这个，我们一起送给她吧。

男二：也行。【尴尬地笑】

全优【面向观众并无奈地说】：从小到大，因为我的优秀，一直有很多的追求者。如何委婉而坚决地拒绝他们，真的很让我苦恼。

旁白：全优终于遇见了一个让她怦然心动的男生，现在她充满自信地准备去向他告白！

【舞台灯光熄灭】

❧ 第二幕 ❧

【舞台灯光亮起；学长边走路边看书，全优从后面追上来并抓住他的手臂】

全优：学长！

学长：哦，是全优啊。什么事啊？

全优：学长，从我第一次遇见你，就被你深深地吸引了。我不想和你做朋友了。学长，我喜欢你啊，我们在一起吧！【摇晃学长的手臂】

学长【想要抽出手，但是失败了，很无奈地说】：那个……全优啊，你是个很好的女生……

全优【快速而高兴地插话】：所以你也喜欢我，所以会和我在一起对不对？

学长：不是……那个……

全优：学长，我知道的，你肯定也会喜欢我这么优秀的人。【握住学长的手】

学长：不是……我是说……

全优：学长别说了，我知道你喜欢我。

学长【用力把手抽出来，往后退了一步】：全优，我承认你的确很优秀。可是，你太要强了，事事追求、事事计较，而我更喜欢轻松自在的生活方式。对不起，我们不合适。【学长走下舞台，全优蹲到地上】

【两位室友边走路边谈论成绩】

室友A：小优？你怎么在这？我们正好有事给你说呢！

全优【边站起来边摸着头发掩饰尴尬】：怎么了？

室友A：有一个坏消息和一个更坏的消息，你要先听哪个？

室友B：小优你要撑住啊！

全优：说吧。

室友A【伸出一只手指】：一个是，咱们宿舍这学期没有评上文明宿舍；【伸出两只手指】第二个是，结算完德育分之后，你成了年级第二，隔壁班的万年老二得了第一名。

全优【惊愕并带有哭腔】：什么？怎么会这样？【两位室友走下舞台】

【母亲走上舞台并给全优打电话】

全优【接起电话】：喂？

母亲：喂，全优啊。听人说你今年没有拿到第一名啊……

全优【不耐烦】：妈，我还有事，就先挂了。【把手机扔到地上】

母亲：唉，我还没说完呢。唉，这孩子大概是真的很难过吧。当初因为她的成绩名列前茅，所以不同意她学习美术，是不是我做错了呢？

全优：这是怎么了，突然就出现了那么多不顺心的事？我的生活从来都一帆风顺，这些事本不该发生在我这么优秀的人身上，这样的生活好累啊！

【舞台灯光熄灭】

◌৯ 第 三 幕 ৎ◌

【舞台灯光亮起；宿舍场景；全优走到宿舍门口，发现门上有一张纸】

全优：扣分单？怎么又是扣分单？【生气地一把揭下】

全优【大踏步走进宿舍并把纸拍在桌子上】：宿舍卫生，又是宿舍卫生？为什么你们就不能好好打扫一下宿舍？你们连这一点时间都没有吗？

室友A【生气地站起来】：时间？全优你讲道理，哪一次宿舍卫生不是我们几个做的？你空顶着宿舍长的头衔，整天忙着学习和社团工作，哪一次大扫除你没有借着忙推脱？我们没时间打扫卫生，那你又为我们宿舍做过什么吗？

【室友B站起来安慰室友A，然后两人一起走出宿舍；全优气愤难平地走来走去，撕掉扣分单，把枕头砸远，一屁股坐在椅子上】

全优：为什么事事不顺心？美好的生活为什么变成这样？要是有人能来替我遭受这些不顺意就好了。

全差【走上舞台】：我想……我能帮到你。

全优：你你你……你是谁啊？

全差【胆怯地说】：我……是全差呀！

全优【快速地说】：全差是谁呀！

全差：我……我就是你呀，我来自你的内心。【小幅度指向全优的左胸口】你看我们像不像呀？

全优：那也只是长得像而已。【绕着全差审视一圈】你……把头抬起来，背给我挺直了，把你的内八收收好……嗯……这才有点我的样子嘛。不过你这么唯唯诺诺的，说你就是我，我一点也不信。

全差【摆手摇头】：不是不是，我就是你，是你内心最懦弱的一部分。

全优：懦弱？怎么可能？

全差：难道你没有在考试的时候，因为遇上一道难题没有把握拿到年级第一，而头脑空白，四肢发凉，握着笔的手抖得根本写不了字吗？

全优【转过身子】：我才没有。

全差【跟进一步】：难道你没有战战兢兢地背台词，害怕第二天演讲出糗，紧张到连梦里都是自己忘词的模样吗？

全优【往前一步】：你……你才是这样的。

全差【跟进一步】：难道你没有因为怕被学长拒绝，所以列出了一箩筐他可能拒绝你的理由，然后对着这张纸踌躇了好几天吗？

全优【快速地说】：你怎么知道的……【捂嘴】我才没有。

全差【扶住全优的肩膀，使她与自己面对面】：全优，你相信吧。虽然我唯唯诺诺、瞻前顾后、胆小如鼠，可是我的确就是你。

全优：你……真的是我？

全差：是的，全优，你是个很要强的人，你在别人的面前光芒万丈、自信无比，而我就是你光芒下的阴影，我就是那个因为太过要强所以恐惧失败和否定的你。我承认，我胆怯、我懦弱，但是你也要接受，我就是你，是你的另一面。

全优：不可能的，我怎么可能害怕失败，我一直……我一直都是成功的。

全差：那你表白被拒绝了呢？

全优：我……

全差：那你和室友的矛盾呢？

全优：我……

全差：还记得学长拒绝你时说了什么吗？

全优：他说我太要强了……

全差：你的要强不止给你，也会给你身边的人带来压力。全优你要接受失败，不能因为取得了好成绩就骄傲自负，不敢直面自己的缺点。你与我的结合才是最真实的自己、最成熟的自己。

全优【握着全差的手】：谢谢你让我更加看清了自己。谢谢，我明白了。

【背景音乐为雷电声】

全差：全优啊，我借着平行时光来的，现在我可能要走了。希望你能够更加看清自己，找到真正值得你在意的事……【全差跑下舞台】

全优：你等等……【全优跟着跑下舞台】

【舞台灯光熄灭】

❧ 第四幕 ❧

【舞台灯光亮起；全优跑上舞台】

全优：小 A、小 B，你们等等。

室友 B【一边拉着室友 A 一边回头问】：小优，什么事呀？

全优【鞠躬并大声地说】：对不起！之前是我过于在意成绩了，反而忽略了很多更加重要的东西，以后，我也会积极融入咱们宿舍的。你们能原谅我吗？

【室友 A 和 B 对视一眼】

室友 A：那就勉强原谅你吧，要是你下次再敢推脱……

全优：不会的，不会的。

室友 B：那……小优，一起回宿舍吗？

【全优的手机铃声响起】

全优：抱歉，你们先回去，我接一下妈妈的电话。

【室友退场，母亲入场】

母亲：小优啊，不要为名次难过了，什么时候回家啊？妈给你做你最爱吃的饭。

全优：妈，您别担心了。我没事，我有空就回去看您。

母亲【小声嘀咕】：小优，你没事吧？

全优：妈，我真的没事。我只是觉得比起追求名次和成绩，生活中有更多值得我追求的东西，比如友谊和梦想。对了，妈，我上次和你说的转专业的事情，你觉得怎么样啊？【边握手机接听边走下舞台】

【谢幕】

第二集　三次遇见他

【主创人员】

陈颖瑶、代斌、李一迪、任祺洋、童康成、许凯飞、徐铭麒、曾启伟、张可可

【剧情简介】

这是关于包子获得三次轮回机会，三次遇见舍友饺子的故事。在三次不同的遇见中，有欢笑、有泪水、有犯错、有成长，包子渐渐领悟到应该如何拥有一段充实的大学生活以及人与人之间最重要的东西是什么……

【出场人物】

包子：希望活出精彩青春的大学生

饺子：性格外向，喜欢打游戏的大学生

神仙姐姐：拥有生命轮回能力的神仙

【心理剧本】

❧ 第 一 幕 ❧

【校园场景；包子拉着行李箱走上舞台】

旁白：有一个叫包子的同学，他考入了理想的大学。

包子：没错，就是杭州电子科技大学。

旁白：是的。在新生注册那天，他提着大包小包，从遥远的家乡来到了杭州，满怀期待地踏入了大学的校门。

包子【四处张望】：这里就是杭州电子科技大学啊！不愧是我向往已久的大学，我已经预感到这四年美好的生活了。我一定要学有所成，再交一个女朋友，哈哈……

【宿舍场景】

包子【气喘吁吁】：好累啊……终于来到宿舍了，不知道有没有小伙伴已经入住了呢？【包子敲敲宿舍门，有人打开宿舍门】

饺子【打量包子】：同学你好，你也是住在这里吗？

包子：你好，我叫包子，小笼包、叉烧包、奶黄包的包子。

饺子：幸会幸会，我是饺子，水饺、蒸饺、煎饺的饺子。

包子：以后咱们是一个屋檐下的朋友了，还请多多关照！

饺子【主动帮包子推行李箱】：一路上辛苦了！

包子：谢谢你了！

【包子看到饺子桌上的电脑，屏幕里是某个游戏的画面】

包子：饺子，你喜欢打游戏啊！这款游戏最近很火啊！

饺子：是啊，我也是刚开始玩这个游戏。你也知道，高三那么忙，哪有时间打游戏啊。而且，高中班主任不都说，大学就是拿来放松的吗？难得考上大学，就打打游戏放松下呗。这个游戏是真的好玩！来来来，我跟你说……

【饺子把包子拉到电脑前，自己坐下开始继续打游戏，边打边滔滔不绝地跟包子介绍游戏】

旁白：就这样，在饺子的带领下，包子也开始接触游戏。

【舞台灯光熄灭又亮起】

包子：饺子兄！快过来掩护我！

饺子：等等啊！我也快撑不住了！其他几个猪队友都在干嘛啊！

【背景音乐敲门声响起】

同学：包子，饺子，你俩的外卖我放门口啦。【放下外卖后离开】

包子：外卖？

饺子：我刚才叫的，帮你也叫上了，打着这盘不可能下去吃饭吧。好了，快来进攻……

【包子和饺子仍然在打游戏】

旁白：两人每天沉浸在这样的生活中，在游戏里外都称兄道弟。就这样，大学时光一点点地过去了，两人更加痴迷于游戏，每天过着睡觉、游戏、睡觉的生活。

【背景音乐手机短信声响起】

包子【边看手机边大声说】：啥？辅导员要找我聊天？说我翘课太多，考试都没有去……饺子，我们啥时候考过试啊？

饺子【头也不回地继续游戏】：鬼知道啊。哎呀，包子兄，快来支援我！

包子：哦哦，等等。【放下手机重新打游戏】

旁白：日复一日，月复一月，就在某天晚上……

【包子正在打游戏，拿起咖啡猛喝两口】

包子：这都几点了？这才 1 点啊，继续打会儿……【过了一会】2 点，还早，继续……【过了一会】3 点了啊……

【包子晃悠悠站起来，走到舞台中央晕倒，舞台灯光熄灭又亮起，转换到冥界场景】

包子【慢慢醒来并爬起】：这是哪里啊？糟糕，刚才那盘还没打完呢，要赶紧回去继续打。【跟跟跄跄地走路】这个阴阴森森的气氛……啊，前面是一条河……等等……这到底是哪里啊……【看到一个写着"三途河"的路标】三途河……三途河……三途河？！

【神仙姐姐走上舞台】

神仙姐姐：你这么一惊一乍的是怎么了，生命已经结束的灵魂就快点过河吧！

包子：这是什么情况啊！小姐姐，你说我生命结束了，难不成我已经死了？

神仙姐姐：不是吧？连自己死了都不知道！

包子：不！我不该现在就死了啊！我的大学生活没开始多久啊！我美好的大学生活！我学霸的梦！我交个女朋友的梦！

神仙姐姐：得了吧，我用仙术看了看你活着的日子，你都快要被退学了。再看看你的室友，你天天只顾着和他打游戏，连时间过了多久都忘了。你缺乏自制力，时间就只能白白浪费。

包子：不！神仙姐姐，求你帮帮我啊！我还不想这么快死掉！

神仙姐姐：唉，我也是同情你。这样吧，我给你一次机会，让一切从头开始。

包子：谢谢神仙姐姐！谢谢神仙姐姐！

神仙姐姐：巴啦啦能量启动！

旁白：在神仙姐姐的帮助下，包子重新获得了生命，时光倒流到大学刚开学的那一天。

【舞台灯光熄灭又亮起】

❧ 第二幕 ❧

【宿舍场景：包子醒来，发现自己回到了大学开学的第一天。包子揉了揉眼睛，

狠狠地拍了拍自己的脸】

包子：我……我这是活过来了！这是……大学开学的第一天！我入住宿舍的那个时候！等等……如果这一天我没有和饺子一起打游戏，一切会不会不一样呢？神仙姐姐既然给了我一次机会，而且说我缺乏的就是自制力，那么从现在开始我要管好自己，一定好好学习！

【包子没有敲门，自己开门进入宿舍，饺子此时正在打游戏】

饺子：同学你好！需要帮忙吗？

【包子没回话，饺子走向包子准备帮忙推行李箱】

包子：哎，你别动我的行李，放着我来！

饺子：……好吧。需要帮忙就叫我吧。

【饺子继续打游戏，包子整理行李箱】

旁白：包子没有和饺子一起陷入游戏的泥潭里。不过，两个人也没有从前那样要好了，而且似乎出现了深深的隔阂。

【饺子在激烈地打游戏，包子正在安静地学习】

饺子【戴着耳机】：好嘞，快上！哎呀，那个补给的怎么这么傻啊，快过来给我补给一下啊！等等，远程在哪里，帮忙掩护下我，我要冲过去了！

包子：饺子，饺子！可以安静点吗？你吵到我学习了！

【饺子依然声音很大地打着游戏】

包子：受不了了！【摔门而去】

饺子【转头看向宿舍门】：这家伙真是的，脾气怎么这么大。管他呢，打完这一把再说。

旁白：就这样到了晚上睡觉的时间。

【饺子仍然在打游戏，发出各种敲键盘、语音聊天的声音；包子在床上翻来覆去睡不着】

包子：饺子，快睡觉吧，1点多了。

【过了一会，状况依旧】

包子：饺子，快睡觉吧，2点多了。

【又过了一会，状况依旧】

包子：饺子！能不能给我安静点！这都2点多了！还让不让人睡觉啊！哎！哎！

饺子【摘下耳机】：啥啊，正在打游戏呢，等我打完这一盘再说。【重新戴上耳机】

包子【面向观众独白】：唉，饺子现在简直变了个人似的，也不理我，也不体谅我，都这么晚了还不让人睡。上一世我遇到的饺子可不是这样的人，难道这是个假饺子？

旁白：包子一脸疑惑和失望地进入梦乡，难道包子在这一世真的遇到个假饺子吗？

【舞台灯光熄灭又亮起，转向梦中场景】

神仙姐姐：咦，这不是包子吗？我怎么走到他的梦里来了？看他一脸愁眉苦脸的，肯定又遇到什么事了。

包子：你是？神仙姐姐！

神仙姐姐：你怎么看起来愁眉苦脸的？

包子：唉，别提了，你应该知道我的室友饺子吧。

神仙姐姐：哦，就是上一世和你一起打游戏的那个人啊。他怎么了？

包子：别提了，我怀疑我遇到了一个假饺子。现在的他，不像以前一样对我好了。有什么事就随口应付过去，从来不考虑别人的感受。

神仙姐姐：你一个大男人怎么像个怨妇一样，让我看看你到底遇到了些啥问题吧！【神仙姐姐使用仙力查看包子这一世的经历】

包子：神仙姐姐，你说饺子是不是很有问题啊！

神仙姐姐：哎！你也真是的。你看看你，开学第一天就一副高冷的模样，平时又不愿意搭理他，有什么不满就一个劲地呵斥他。换作是你，你喜欢听别人天天这么呵斥你吗？助人自助，你怎么对待饺子，饺子就会怎么对待你。

包子：助人自助？

神仙姐姐：是的。人与人之间最重要的是好好沟通，你真应该和饺子好好谈一下了。

包子：沟通？

神仙姐姐：是啊。

包子：怎样才能跟他好好沟通呢？要跟他说些啥啊？

神仙姐姐：这就看你自己了。不过最重要的，就是要学会平等与对方说话。

【包子挠头表示不解】

神仙姐姐：你这木头。这样吧，我再给你一次机会，让你重返开学的那一天，这次你不仅要学会控制自己，更要学会如何与别人和谐相处啊。巴啦啦能量启动！

旁白：在神仙姐姐的帮助下，包子又重新获得了生命，时光倒流回刚开学的那一天。

【舞台灯光熄灭又亮起】

⋞ 第 三 幕 ⋟

旁白：还是熟悉的配方，还是熟悉的味道，包子又一次站在了宿舍门前。

【包子敲敲宿舍门，有人打开宿舍门】

饺子【打量包子】：同学你好，你也住在这里吗？

包子：你好，我叫包子，小笼包、叉烧包、奶黄包的包子。

饺子：幸会幸会，我是饺子，水饺、蒸饺、煎饺的饺子。

包子：以后咱们是一个屋檐下的朋友了，还请多多关照！

饺子【主动帮包子推行李箱】：一路上辛苦了！

包子：谢谢你了！

【包子看到饺子桌上的电脑，屏幕里是某个游戏的画面】

包子：饺子，你还在打这款游戏啊！

饺子：这款游戏？是啊，最近可火了，不过我也是刚开始玩……

包子：我跟你说，你这里这样打不行，你应该这样……【坐下打游戏】

饺子：哦！厉害厉害！原来你是个大佬啊！

包子：那当然，这个游戏我都打了一世……啊不，一个暑假了。以后，就让我来带你打游戏，跟着我混总没错的！

饺子：太好了！居然被我抱到了这么好的大腿！向大佬低头！

包子：不过，这个时间也没什么活动。对了，饺子，你和其他同学打过招呼了吗？看你一直在玩，想必也累了吧，不如去隔壁宿舍串个门？

饺子：既然大佬都这么说了，那我就先不打了。走，串门去！

旁白：这一世的包子不再像上一世那样冷漠了，有什么事情都会想着饺子。他们在学习、生活、娱乐上互相交流，平时若是有了矛盾，也会及时沟通。

【舞台灯光熄灭又亮起】

包子：饺子，这局打得怎么样啊？

饺子：稳得不行啊！现在只要上去狂殴 boss 就可以了！

包子：厉害，都快赶上我的水平了。不过，这都快 11 点了，明早咱还有早课，你记得早点休息啊。

饺子：好，你要睡觉的话我就不开语音了，等打完这一盘我也要睡觉了。

【包子上床睡觉，饺子继续打了一会便关电脑上床睡觉了】

旁白：包子再也没有像上一世那样对饺子呵斥，无论是在学习和生活上，两人都互相勉励、互相监督，关系比之前任何一世都要好。

【舞台灯光熄灭又亮起；转向图书馆场景】

饺子【拿着习题册问包子题目】：包子，你来看看，这道题目怎么做啊？

包子【接过习题册并开始演算】：这道题嘛，应该是……

包子【面向观众独白】：没想到，我也会有和饺子一起努力备战考试的一天。果然，拥有了自制力，学会善待他人，真的使我的大学生活出现了翻天覆地的变化！真希望这样的日子还能继续下去！

包子：饺子，学了这么久也累了，咱们先休息一下吧。

饺子：说的也是，看书久了要放松放松眼睛。

包子：考完试后那个游戏就有个大型的新图出来了，到时让我来带你！

饺子：真的吗？谢谢大佬！

【背景音乐手机铃声响起】

饺子：哎哟喂，肯定是你女朋友找你吧！

包子：嘿嘿！

旁白：这一世的包子过得十分幸福美满，学业有成、同学和睦，还收获了自己的爱情。看来，包子刚入学时的愿望都得以实现了。然而，现实中我们不可能像包子同学一样，能有三次轮回的机会。我们要做的就是把握好现在，学会管理自己，明白助人自助的道理。好了，不多说了，大家一起行动起来吧！

【谢幕】

第三集　月光宝盒

【主创人员】

鲍家鑫、陈登豪、高武举、涂茂林、刘家铭、刘小妮、王玉哲、吴海梅、叶芙蓉

【剧情简介】

满怀信心的男主希望自己在大学里闯出一方天地，而遭受挫折、屡屡碰壁后，他才发现，大学与自己所想的并不一样。男主开始心灰意冷，自暴自弃。一次偶然，让他重拾信心，克服重重困难，最终获得成长。

【出场人物】

男主：意外获得重生机会的大学生

老人家：将月光宝盒交给失意男主的人

其他人物：学姐、室友、学长甲、学长乙、学长丙、学长丁

【心理剧本】

❧ 第一幕 ❧

【新生报到处场景；男主拉着行李走上舞台，学长和学姐坐着整理资料】

男主【面向观众】：十二载寒窗苦读，终于熬出头了！大学，我来了！

【男主走向舞台中央的报到处】

男主：你好，请问这里是机械工程学院的新生报到处吗？

学长甲：对，是的，先把你的录取通知单给我吧。

男主：哦……

学姐：在这份名单上找到你的名字，然后签个字。

男主：哦……

学长甲：这是你的资料，上面有你的宿舍楼号、宿舍号，这条路直走到底是学生生活区，到宿舍楼下找阿姨报到拿钥匙。

男主【接过资料】：哦……

【男主停下看资料，室友走上舞台办理报到手续】

室友【办完报到手续】：谢谢学长学姐，再见！【走向男主】同学你好，咱俩好像在同一栋宿舍楼，一起走吧！【男主默默地看资料】

室友【看了一眼资料】：哎，原来我们是一个宿舍的啊！没想到咱俩这么有缘分啊！

男主：哦……【面向观众】这人怎么这么烦？居然和他同宿舍！

【两人一同走下舞台，男主沉默地拉着行李，室友活跃地边说边走】

❧ 第 二 幕 ❧

【社团面试场景；男主走上舞台，学长乙、丙和丁坐着看资料】

旁白： 男主被大学里五花八门的社团弄得眼花缭乱。他拿了一堆报名表，最后选定了四个社团，认真地填上自己的信息。

男主： 学长们好！

学长乙： 请坐，先介绍下自己吧。【男主坐下】

男主： 学长们好，我是大一新生，想锻炼下自己，所以来应聘学生会。

学长丙： 还有吗？

男主： 嗯……暂时没了。

学长丁： 那你说说，你觉得学生会能给你带来什么收获？

男主【紧张地挠头】：这……这……【沉默片刻】

学长乙： 那你再次介绍一下自己，更好地展示下自己。

男主： 那个……我是大一新生，从小到大一直刻苦学习，现在上大学了，很想锻炼下自己。看到学生会的宣传海报，我觉得这是个很好的平台，所以就来应聘学生会了。

【学长乙、丙和丁小声议论】

学长乙： 好的，可以了。谢谢你的参与，面试结果将会通过短信通知你。

【男主走下舞台，学长们都摇头】

❧ 第 三 幕 ❧

【校园场景；男主失落地走上舞台，路人甲和乙迎面走来】

旁白： 男主在第二场面试、第三场面试和第四场面试中的表现也不尽如人意。

路人甲： 你知道么！我被校学生会文艺部录取了！

路人乙： 恭喜你了，我明天还要参加校科协的二轮面试，谁知道时间和院学生会的活动冲突了。

【男主撞路人乙】

路人甲：你没事吧！

路人乙：这么宽的路也能撞上啊？

男主：啊……对不起，对不起，对不起……

路人甲：这人怎么回事啊？【路人甲和乙走下舞台】

【男主手机铃声响起，背景音乐《难得孤寂》】

男主：喂，我刚想给你打电话。

女友【站在舞台一边】：我们……我们分手吧！

男主：什么？你说什么？我这里信号不好。

女友：你不用装了，我知道你听到了，我们分手吧。

男主：为什么？为什么！

女友：抱歉，我遇到真正喜欢的人了。

男主：你怎么这样？！

女主：再见了。【挂断手机】

男主：为什么！【掩面蹲下】

❧ 第四幕 ❧

【宿舍场景；男主走上舞台，室友在打游戏】

室友：回来啦，面试怎么样？我进入学生会了哎！

男主：你进学生会了不起啊！是，我很没用，每次面试都是第一轮被刷！你就这么想看我笑话啊！【摔门而去】

室友：这家伙今天吃炸药啦！不就是面试没过，冲我喊什么？太影响心情了。【继续游戏】

旁白：从那天以后，男主变得一蹶不振，仿佛没有了灵魂。

【男主呆立在舞台，老年人走上舞台】

老年人：年轻人，我看你非常忧伤，老头子我有个宝贝，它就是月光宝盒。我觉得与你有缘，现在将它赠与你。年轻人，珍惜这次改变自己的机会啊！【老人拿出宝盒后走下舞台】

男主：老人家！老人家！【伸手去拿宝盒，舞台灯光熄灭】

❧ 第 五 幕 ❧

【新生报到处场景；男主拉着行李走上舞台，学长和学姐坐着整理资料】

旁白：男主发现自己再次回到了过去，难道这就是改变自己的机会吗？

男主【呆愣片刻后上前询问】：你好，请问这里是机械工程学院的新生报到处吗？

学长甲：对，是的，先把你的录取通知单给我吧。

男主：哦……谢谢学长！

学姐：在这份名单上找到你的名字，然后签个字。

男主：谢谢学姐！

学长甲：这是你的资料，上面有你的宿舍楼号、宿舍号，这条路直走到底是学生生活区，到宿舍楼下找阿姨报到拿钥匙。

男主【接过资料】：嗯，好的，非常感谢学长！

【男主站在报到处旁边，室友走上舞台办理报到手续】

室友【办完报到手续】：谢谢学长学姐，再见！

男主【走向室友】：同学你好，咱俩好像在同一栋宿舍楼，一起走吧！

室友：嗨，你好！好巧啊！

男主【看了一眼资料】：原来我们是一个宿舍的啊！

室友：是吗？太好了！没想到咱俩这么有缘分啊！

男主：走吧！

【两人边聊天边走下舞台】

❧ 第六幕 ❧

【社团面试场景；男主走上舞台，学长乙、丙和丁坐着看资料】

旁白：不管你信与不信，穿越后的男主改变了很多，或许是重来一次让他对人生有了不同的理解。

男主：学长们好！

学长乙：请坐，先介绍下自己吧。【男主坐下】

男主【微笑着说】：学长们好！我是大一新生。从小到大我一直忙于学习，其他很多方面都有些疏忽了，比如与人交往、社团活动和社会兼职等。但是，现在步入大学了，进入了一个更大的平台，这也是我们正式踏入社会的前奏，所以我想通过尝试和努力不断让自己成长。我不太会说话，属于比较慢热的人，但是对属于自己的责任踏实认真。开学时看到学生会的宣传海报，我觉得这是个很好的锻炼平台，所以今天来应聘学生会的干事。我相信，通过自己的努力和学长们的帮助，一定会在这里获得成长。

学长乙【转向丙和丁】：你们还有什么要问的吗？

【学长丙和丁笑着摇摇头】

学长乙：好的，可以了。谢谢你的参与，面试结果将会通过短信通知你。

【男主走下舞台，学长们都点头】

❧ 第七幕 ❧

【校园场景；男主走上舞台，路人甲和乙经过】

男主【拨打手机】：喂，亲爱的，最近好吗？

女友【站在舞台一边】：我正好要打电话给你，这么巧你就打过来了。

男主：我感应到你要找我，所以就给你打电话。

女友【叹了口气】：我们……我们分手吧！

男主：为什么呢？

女友：我遇到真正喜欢的人了。

男主：他对你好吗？

女友：嗯，他很上进，也很体贴，和他在一起我感到安心、开心。

男主【叹了口气】：对不起，以前的我做得不好，现在我祝你们幸福！

女友【沉默片刻】：谢谢你的祝福，也祝福你能幸福。【挂断手机】

❦ 第八幕 ❦

【宿舍场景；男主走上舞台，室友在打游戏】

旁白：有些事情，即使重来一次也没办法改变。既然如此，我们何不改变自己的心态，毕竟生活还需要继续下去。

室友：回来啦，面试怎么样？我进入学生会了哎！

男主：我觉得自己发挥得还行。

室友【看向男主】：那你怎么一副失恋的样子啊？

男主【无奈笑笑】：还真被你说中了，我和女友分手了。

室友【停下游戏】：为什么啊？这么没眼光啊？

男主【摇了摇头】：以前的我的确做得不够好。

室友：那都过去了，重新开始吧！对了，要不要来一局放松放松？

男主：好！

旁白：生活，可能没有想象的那么美好，但也没有想象的那么糟糕。学会接纳过去的自己，用心经营现在的自己，积极期待未来的自己。青春在路上，加油吧！

【谢幕】

第四集　蝴蝶飞梦

【主创人员】

陈晴方、付昭华、胡劲轩、葛文献、葛志达、姜妍、潘莉莉、孙天问、汪臻、徐浩鹏、张思意、张文强、张翔宇

【剧情简介】

郝英俊沉迷于一款名叫《游神》的全息游戏，与自己的好朋友杨国福、黑泷堂、卫龙一起没日没夜地并肩战斗。直到有一天，他感到迷惘了、困惑了：这真的是自己世界的全部吗？

【出场人物】

郝英俊：深度中毒的游戏玩家

游神：全息游戏的具象化神明

室友：杨国福、黑泷堂、卫龙

其他人物：父母、其他玩家

【心理剧本】

❧ 第 一 幕 ❧

【游戏背景音乐；郝英俊走上舞台】

郝英俊：你们知道我手上的这是什么吗？这可是价值998的全息眼镜。在这款全息游戏《游神》里，你不仅可以打造属于自己的绿洲世界，还可以将游戏币兑换成现金。打怪升级，发家致富，走上人生巅峰再也不是梦。来来来，买的了吃亏，买不了上当，998，只要998。哈【打哈欠，揉眼睛，环顾四周】，我的游戏舱呢？啊，找到了。【躺下并戴上全息眼镜】

【时空隧道背景】

❧ 第 二 幕 ❧

【游戏背景音乐】

郝英俊【戴上草帽环顾四周】：嗯嗯，长势不错嘛，看来过段时间就可以拿去卖钱了。【坐下并拿草帽扇风】哎，好热，打游戏赚钱也不容易啊。

游神【走上舞台】：少年，你想成为高富帅吗？

郝英俊：想啊！

游神：你想迎娶白富美吗？

郝英俊：想啊！

游神：你想走向人生巅峰吗？

郝英俊：废话，谁不想啊！

游神：叮，恭喜你触发隐藏任务——刺激吃鸡。

【郝英俊环顾四周】

游神：完成任务即可实现你的愿望。来，现在，召唤你的队友吧！

郝英俊【激动地做着召唤动作】：共产主义的接班人，请在此现形并赐予我力量吧！

【杨国福、黑泷堂和卫龙走上舞台，面面相觑】

游神：同志们，同志们～

郝英俊、杨国福、黑泷堂、卫龙【齐声喊】：到！

游神：任务已发放。四位勇士们，踏上你们的征途吧！友谊之光将普照杭电，啊哈哈哈哈～【走下舞台】

郝英俊、杨国福、黑泷堂、卫龙【军姿敬礼】：Yes sir～

❧ 第三幕 ❧

【播放在空中滑行的音效】

郝英俊：看到黄标那两排小房子没，我们这次低调点，老是落地成盒、拳皇PK，游戏体验感极差，这次我们飞这种小地方，绝对没有其他人跟我们抢装备。准备，跳！伞兵1号郝英俊准备就绪！

杨国福：伞兵2号杨国福准备就绪！

黑泷堂：伞兵3号黑泷堂准备就绪！

卫龙：伞兵4号卫龙准备就绪！

【播放跳伞音效】

卫龙：大家迅速分开搜索，搜索完毕后在这里集合！

【播放捡装备、戴装备的音效】

【灯光亮起，舞台中央，郝英俊穿着毛衣，戴着头盔，挥舞平底锅，后背大背包；杨国福、黑泷堂和卫龙从舞台的不同方向走向郝英俊；其中，杨国福、卫龙手拿步

枪，头戴二级头或三级头，穿上防弹衣，黑泷堂拿着八倍镜98K】

郝英俊：我勒个去啊，八倍镜98K，满配scar，满配M4，我这怕不是参加了非洲一日游吧？

杨国福：没事，过来，投进哥哥的怀抱，幸福少不了哦【哼着小曲】

郝英俊：滚滚滚，别恶心我，老子用平底锅照样吃鸡！

卫龙：哈哈哈，落地三人顶级装备。今晚吃鸡，大吉大利，啊哈哈哈哈～

黑泷堂：你个坑货，你不去送快递，我就谢天谢地了。

杨国福：跑起来，毒圈快缩了！

【郝英俊、杨国福、黑泷堂、卫龙朝一个方向奔跑；突然看到一个玩家1举着枪后退】

黑泷堂：前方有人，快蹲下！

卫龙：就一个人而已，至于这么害怕么。

黑泷堂：我们先看清楚点周围还有没有人。如果没有人的话，嘿嘿！郝英俊，你偷偷摸过去，用平底锅敲他，我们给你打掩护。

郝英俊：什么，你这人！不过我喜欢，哈哈！

【郝英俊、杨国福、黑泷堂、卫龙四人向四处张望】

黑泷堂：应该只有一个人。英俊，敲他！

【郝英俊蹑手蹑脚上去，用平底锅在玩家1的头上敲了一下，玩家1跪地向前爬】

玩家1：Oh! Shit! God damn it, Jesus Christ!!!

【郝英俊又用平底锅在玩家1头上敲一下；玩家1趴在地上，阵亡；郝英俊搜刮玩家1的装备】

郝英俊：哎呀，这人居然什么好东西都没有，也太坑了吧。

黑泷堂：算了算了，我们继续赶路吧。

【郝英俊、杨国福、黑泷堂、卫龙继续向前奔跑；舞台灯光变暗】

第四幕

【播放子弹穿梭声音；舞台灯光调亮】

郝英俊、杨国福、黑泷堂、卫龙【边跑边喊】：上！

【玩家2倒下】

郝英俊、杨国福、黑泷堂、卫龙【边跑边喊】：捡装备！

【郝英俊、杨国福、黑泷堂、卫龙继续向前奔跑】

郝英俊、杨国福、黑泷堂、卫龙【边跑边喊】：上！

【玩家3倒下】

郝英俊、杨国福、黑泷堂、卫龙【边跑边喊】：捡装备！

【杨国福、黑泷堂、卫龙继续奔跑；郝英俊慢慢停下，一脸迷茫】

郝英俊：我在干什么？就这样循环往复吗？这真的是我想要的生活吗？不，不应该是这样的……

游神【走上舞台】：怎么了？还在犹豫什么！在这里你什么都有！

郝英俊：不……不是的……蓝天、太阳，亲人、朋友，知识、科技，美食、聚会……这是我想要的！

游神：你要抛下这里的美好吗？

郝英俊：这不是真实的美好，这不是生活的一切！

游神：一切都是你自己的选择。去选择吧！【走下舞台】

郝英俊：我想要更多的精彩！

第五幕

【光影表演，场景逐一切换】

场景一：母亲抱着郝英俊，用奶瓶给他喂奶，父亲在边上拿着拨浪鼓逗他。

场景二：他背上书包，和小伙伴们一起去上小学，父母目送他远去的背影。

场景三：初中，他放学回家，母亲让他试穿自己新织的毛衣，父亲上前摸了摸他的头。

场景四：他坐在高中的教室里听课，教师让他起来回答问题。

场景五：生命时钟不断旋转，他拿着录取通知书回到家，和父母紧紧地拥抱在一起。

场景六：他上大学了，拖着行李箱走进宿舍，与室友一起爬山、K歌、吃饭……

场景七：他躺在游戏舱里，戴上全息眼镜。

【画面戛然而止，舞台灯光亮起】

郝英俊【睁开眼睛】：爸爸，妈妈。国福，泷堂，龙龙！【哭着说】我回来了！

【众人抱作一团】

父母：回来就好，回来就好！

杨国福、黑泷堂、卫龙：欢迎回来！

【谢幕】

第五集　宿舍风波

【主创人员】

洪瑞贤、黄鹤洋、耿博媛、孔纯熠、李海矗、李咏臻、刘启轩、牟家君、王一泓、伍锦宇、吴美婵、解柏森、徐羽佳、周旭、周楚斌、祝浩然

【剧情简介】

进入大学后，小雨喜欢半夜玩游戏。有一天，由于他沉迷于玩手机而和女朋友闹

了矛盾。同天晚上，他又因为玩手机和室友闹了别扭。在睡梦中，小雨遇见了十年后的自己。在与未来的自己进行交谈的过程中，小雨看清楚了自己想要的未来，想明白了自己困惑的事情……

【出场人物】

小雨：依赖手机却渴望改变的大学生

大雨：来自未来的小雨

小雨室友：小朱、大力、小黄

隔壁室友：小李、小周、小浩、小咏

其他人物：小桃、小媛、小熠、小美

【心理剧本】

❧ 第一幕 ❧

【男生宿舍场景】

小雨【边伸懒腰边说】：唉，美好的周末又结束了，好无聊啊！小朱，要不咱俩玩一局游戏再睡觉？

小朱【边写作业边说】：没看我在赶作业吗？你要玩游戏找大力去！

小雨【转身问大力】：大力，睡了么？我们开一盘王者吧！

大力【不耐烦地说】：你没看我正要睡觉吗？再说，你太菜了，我带不动。

小雨【不高兴地说】：不玩就不玩，干嘛嫌我菜！

【小黄快步走上舞台】

小雨：嘿，小黄，你干嘛去了？

小黄：社团有个会议，刚开完回来咯。

小雨：不是这个会，就是那个会，一个周末都没怎么见你待在宿舍！

小黄：我也不想啊，反正忙完这段时间就好了。关灯睡觉喽！

小朱：睡了睡了，作业不写了，明天再赶吧。

旁白：现在已经是晚上 12 点了，其他室友都已经陆续睡去了，就剩小雨还没睡。

小雨【面向观众】：为什么感觉他们每天都很充实而我却内心空虚？小朱学习成绩虽然一般，但是他的体育相当厉害；小黄每天为社团忙碌，但是学习却一点儿没落下；我不太喜欢大力，但不得不承认他也比我强不少。唉，我到底该怎么办啊？【看向隔壁宿舍】咦，隔壁宿舍灯还亮着，过去看看吧！

【舞台灯光熄灭】

第 二 幕

【舞台灯光亮起；隔壁宿舍场景】

小雨：你们怎么都没睡？和我一样失眠吗？

小李：睡不着，无聊呗！曾梦想仗剑走天涯，可如今志向去了哪？唉，上课听不懂，只好打打游戏，刷刷朋友圈，其实自己也不想这么堕落下去……

小周：曾经认为大学里可以交到好多志趣相投的朋友，现实却发现自己周围好多"死肥宅"。唉，知音难觅呀！

小浩：曾经认为大学里付出努力就会收获，可我每天努力学习，却比不上那些考前突击的人。唉。这是为什么啊？

小雨：小咏，你呢？

小咏【长叹一声】：听完你们的烦恼，我觉得我这个更痛苦！曾经认为大学里可以自由谈恋爱了，可是一向有女生缘的我几乎没怎么和女生说过话，就算说话也只是谈论学习上的事情。唉，好想谈恋爱啊！

小李：看来大家各有各的烦恼啊。小雨，你早点回去休息吧！

小雨【若有所思】：那我先回去了，你们也别烦了，大家早点睡吧！

【小雨走回自己宿舍】

旁白：看着熟睡的室友，小雨还是没有睡意，小咏的话让他想起了自己的女朋友小桃。

小雨【面向观众】：小咏，他是身在福中不知福，有了女朋友就没有了自由。【拍了下后脑勺】完了，今天约好看电影的，我竟然给忘了。打个电话哄哄她？算了，她现在应该怒火中烧吧！咦，有人邀请我打王者？

【舞台灯光熄灭；背景音乐：欢迎来到王者荣耀】

～ 第三幕 ～

【舞台灯光亮起；女生宿舍场景】

小桃【生气地说】：真是气死我了！他又放我鸽子！

小媛：他又这样了？小桃，你说你找男朋友干嘛？是手机不好玩【拿起手机】，还是零食不好吃了？【吃起零食】

小熠【低头看书】：谈恋爱还不如学习，学习是世界上最快乐的事！

小桃：小雨这个王八蛋，他估计连我生日都忘了。

小美：小桃，我觉得小雨对你挺好的！说不定他早就为你准备好了生日惊喜呢！

小桃：希望如此吧，明天还有课，早些休息吧！

【舞台灯光熄灭】

～ 第四幕 ～

【舞台灯光亮起；男生宿舍场景；小朱、大力和小黄已经熟睡】

小雨【激动地喊】：程咬金上去顶啊！哎呀，砍曹操，砍曹操啊！后羿会不会玩呀，放大呀！五杀，五杀，还有谁？还有谁？

大力【生气地说】：还有我！小雨，你大半夜不睡觉，瞎嚷嚷有病吧！

小雨【边笑边说】：Sorry，sorry！刚拿五杀，有点小激动，见谅见谅啊！这局马上就打完了，很快！

【小雨沉浸在游戏中】

小雨：终于打完了！嗯？这视频还挺好笑的！哈哈哈哈哈！

小黄【迷迷糊糊地说】：扎心了，老铁。你这一笑，我好梦都变成了噩梦！

小雨：抱歉，不笑了，过会就睡！

【小雨继续翻看手机】

小雨：怎么办，还是睡不着！听会歌，舒缓下！

【背景音乐《想你的夜》响起】

小朱【生气地说】：有完没完！赶紧睡觉！

小雨：行了，行了，这次真睡了。

小雨【面向观众】：我又何尝不想睡觉！我也很困啊，可玩起手机就忘了时间，打完游戏想看视频，看完视频又想听歌……我怎么就离不开这手机了呢？不行，这次一定要睡着！

【舞台灯光熄灭】

⋰ 第五幕 ⋱

【舞台灯光亮起；小雨梦境场景；来自未来的大雨走向熟睡的小雨】

大雨：你呀！控制不住你自己，整天玩手机！

小雨【迷迷糊糊地说】：没玩，没玩。

大雨：睡梦中还狡辩！作为十年后的你，我实在看不下去了！你呀，课听得迷迷糊糊，作业做得马马虎虎。这下好了，大学四年，什么都没学到，毕业也找不到像样的工作。

小雨【迷迷糊糊地说】：胡说，我上次作业还是 A＋呢？

大雨：看见你今天的样子，我特别后悔自己浪费了大学四年！没有好好学习知识，没有多多与人交流，没有好好珍惜恋人……希望你能珍惜大学时光，好自为之吧！

【大雨走下舞台】

小雨【惊醒起身】：原来是梦啊！原来是梦，继续睡吧！

旁白：夜深了，大家都睡着了，这是一个再正常不过的夜晚。对于小雨来说，明天会不会不一样呢？

【谢幕】

第六集　变形记

【主创人员】

曹婷婷、郭美云、何玲、黄凤云、黄倩、李兰香、陆巧娜、马忆萧、秦丹、申乃月、吴莉莉、张路

【剧情简介】

　　已经步入大三的小 A，学习成绩一直非常拔尖，在其他方面的表现也很优秀。因为能力突出，小 A 成为了著名出版社的实习生，这本来是一件特别值得高兴和骄傲

的事情，可是随之而来的一系列生活事件让她不知所措……

【出场人物】

小 A：最近诸事不顺的大学生

小 A 的室友：小 B、小 C

其他人物：主管、同事甲、同事乙、同学 D、同学 E、辅导员、方老师、母亲

【心理剧本】

❧ 第一幕 ❧

【宿舍场景；小 A 走上舞台，拿起手机】

小 A：喂，王老师吗？您好，我是小 A，您还记得前几天我和您说过我去面试过两家出版社吗？对对对，就是那两家出版社，我接到了他们的实习邀请了！嗯嗯嗯，我明白，我一定会努力的！嗯，好的，老师再见！【挂掉手机，开宿舍门】

【室友小 B 和小 C 戴着耳机，坐在各自的椅子上看剧】

小 A：哎呀，宿舍怎么这么暗啊！我开灯了哈。【做开灯状】

【小 B 和小 C 看向小 A】

小 B【摘下耳机】：小 C，太阳从西边出来的吗？还是将会有大事发生？小 A 竟然亲自去开灯。

小 C【摘下耳机】：对啊，小 A。你以前不是喜欢阴暗的环境，平常都不让我们开灯，今天这又是怎么了？真的有点奇怪啊！

小 A：嘿嘿。【边哼歌边坐下】

小 B：哎呀，这说话都嫌累了，还有力气哼歌？

小 C：行了，你少说两句吧。【转身继续看剧】

小 A：没办法，我就是心情好。

小 B：啧啧。【转身继续看剧】

【小 A 继续哼歌，小 B 手机响起】

小 B：咦，辅导员为什么会给我打电话啊？

小 C：快接吧，万一有什么急事呢。

小 B：喂，老师好。

辅导员：小 B，你好。

小 B：老师，您有什么事么？

辅导员：是这样，大三了嘛，马上就要实习了，你有没有找到实习单位啊？

小 B：我正在等结果，还不知道能不能被录取。

辅导员：好，没事，再等等。咱们班刚刚有好消息传来了，有同学获得了两家出版社的实习资格。

小 B：嗯……好的……谢谢老师。

辅导员：好的，有好消息告诉我。拜拜。

【小 B 挂断手机】

小 C：什么事？怎么接个电话人都丧了？

小 B：还不是为了实习的事啊。对了，你的实习单位找好了没啊？

小 C：我啊？投了几份简历都没消息，我看大概是没戏了吧，看来我只能去亲戚的公司实习了。唉，悲剧啊！

小 B：唉，我们都一样啊！我的实习申请也石沉大海了。怎么办，我可没有亲戚开公司啊！【摇着头说】刚刚辅导员说，咱们班有个家伙同时被两家出版社录取了。唉，如果他能把一个名额让给我该多好啊。一个人占两个名额，真是羡慕嫉妒恨啊！

小 C：真的？人比人气死人！小 A，你怎么样啊？你不是和小 B 面试的同一家出版社吗？

小 A：我啊，录取倒是录取了，可我现在又觉得这两家出版社都不是我的理想型。

小 C：啊，不会吧！两家最好的出版社啊，那你想去哪里实习啊？

小 A：这个，我其实比较想……

小 B【打断小 A】：辅导员说的那个人就是你吧！当初是谁在那儿紧张的要死，是谁在那儿说要是进不去多郁闷啊，是谁在那儿打定主意要进的就是这两家出版社啊！现在又这样说，你装什么装呢！

小 A【双手抱胸】：我想法变了不行啊！你这就是嫉妒好吧？

小 B【双手叉腰】：行，我祝你第一天就被人家赶回来！

小 A【走向小 B】：小 B，说话过分了啊！

小 C【拦住小 A】：好了好了，大家都别说了。

【三人散开坐下，舞台灯光熄灭】

❧ 第 二 幕 ❧

【公司场景；舞台灯光亮起；员工们都在紧张地办公】

同事甲【走到小 A 面前】：小 A，你帮我复印下这份文件，下午三点半开会前需要送到会议室。

小 A：哦，好的。

同事甲：谢谢！

小 A：不客气。【同事甲走下舞台】

小 A：我自己的事情还没干完呢，这种小事自己不能去做啊！现在才一点，等下再说吧。

同事乙【走到小 A 面前】：小 A，老大叫你过去一下。

小 A：好，这就去。

小 A【走到主管面前】：主管，您找我有事？

主管：小 A 啊，你是哪个专业的来着？

小 A：编辑出版专业的。

主管：你在学校里很优秀吧？

小 A【挠了挠头】：嘿嘿，还行。

主管：那怎么连最基本的东西都会搞错呢？【拿出一沓文件递给小 A】你看，这是你上次交上来的校对稿。这里，繁体字和异体字你不会分不清楚吧？还有这里，你为什么把其他编辑的修改意见划掉？有没有征询过他人的意见？你这样擅自做主是非常错误的！

小Ａ：我当时是有些不确定……

主管：如果不确定，你要第一时间提出来，可以自己去查工具书，也可以去向其他同事请教！

小Ａ：可是，我就是本专业的……

主管【大声说道】：本专业的就更加……算了，你先出去吧。好好干，别再出错了。

小Ａ：哦。

主管：把这个拿去，你重新校对。

小Ａ：啊？哦，知道了……【转身走开】

主管：唉，眼高手低。

【小Ａ坐回位置，舞台灯光先熄灭后亮起】

旁白：几个小时就这样过去了。

同事乙：小Ａ！甲跟我说你负责复印会议资料，怎么到现在还没送过去！会议都开始了！

小Ａ：会议资料？啊！糟糕！

同事乙：你不会忘了吧？

小Ａ：等一下，我马上过去！【翻桌子找资料】奇怪了，明明放在这里的啊！到底放到哪里去了？天啊，急死了！

同事乙：你也真是的，这事都能忘记！还想不想实习了？咦，这是你的校对稿啊？原来那个分不清楚异体字与繁体字的人就是你啊！哎，我找到了，就在这里面夹着呢。算了我去复印吧，再拖就更来不及了。【拿着文件跑下舞台】

小Ａ【瘫坐椅子上】：唉！到底怎么回事？我这是什么记性！

【舞台灯光先熄灭后亮起】

旁白：第二天的工作开始了。

主管：小Ａ，你知道我为什么又找你吗？

小Ａ：因为昨天会议资料复印的事情吗？我不是故意的……

主管：校对也好，复印也好，我相信你都是可以做好的。

小 A：是的。

主管：我知道你是一名优秀大学生，能力应该不会差到哪里去，更何况学的就是本专业。可是我们部门这段时间人员紧缺，实在没有空闲的资源来培养新人。这样吧，你去人事部门把这段时间的实习工资清一下。小 A，如果以后有机会还是欢迎你再来我们出版社工作。

【背景音乐响雷声和雨声响起】

小 A：主管？

【主管低头看文件，小 A 低头走出】

小 A【面向观众】：什么嘛！我在学校里明明很优秀的！我又没有犯什么大的错误！他们凭什么这样否定我呢！难道他们就没犯过错误吗？这下我该怎么办啊？才实习了两天就被辞退了，回去一定会被嘲笑？为什么会这样啊！【抱头蹲下】

【舞台灯光熄灭】

❧ 第 三 幕 ❧

【宿舍背景；舞台灯光亮起；小 A 被雨淋湿，走进宿舍】

小 B：小 C，你知道十佳大学生的评选结果了吗？

小 C：听说已经出来了，好像 A 没被选上。

小 B：是吗？那她岂不是要气死？

【小 B 回头看到小 A】

小 B：哟？怎么了？怎么淋得像落水狗似的？该不会真的被我说中了，才上了两天班就被辞退了吧？！

小 A：被辞退怎么了？！小水潭容不下巨龙，我还不屑于去那种小地方打杂呢！

小 B：啧啧！还不屑于呢！人家也不屑于招你呢？

小 C：哎呀！怎么又吵起来了！咱们都在一起住了三年了！

小 A：行了！你闭嘴！就你心眼好！

小 B：你朝她吼什么！她哪里得罪你了！不要你自己心情不爽，别人就都得跟着遭殃！

小 A：我懒得跟你们说话！我现在走还不行么！

【小 A 快步走出宿舍，迎面走来同学 D 和同学 E】

同学 D：你知道编辑出版专业的小 A 吗？听说她没有评上十佳大学生啊。

同学 E：不会吧！她平时不是挺强势的嘛！她在参选十佳竞选时表现得也很好啊。

同学 D：谁知道呢？优秀的人多了去了。我听说她这人傲的很，貌似很难相处咧。

【小 A 掩面跑开，拿出手机拨打电话】

小 A：方老师，"十佳大学生"的结果出来了吗？我想问一下，我被评上了吗？

方老师：小 A，我正想找你。是这样的，你的表现确实不错，可是因为名额有限，根据排名你落选了。不过，没关系的，下次再努力！

小 A：为什么？方老师，你是知道我的能力的，可我为什么没被选上呢？

方老师：小 A 啊……我们都知道你的能力很强，但是并不是每个能力强的人都能选上，你有没有好好想过除能力以外的其他方面？要不这样吧，我现在还有点事，过会儿我给你电话，你自己也先好好想想。

【小 A 蹲下大哭，舞台灯光熄灭】

❧ 第四幕 ❧

【校园背景；舞台灯光亮起；小 A 摇摇晃晃地走进空荡荡的宿舍】

小 A【面向观众】：为什么？我不明白啊！好像我做什么都是错？明明我那么有才华，为何要受这样的罪？为什么？

【小 A 的手机铃声响起】

小 A：妈？妈！

母亲：小 A 啊，饭吃了没？最近还好吗？缺不缺钱啊？还有，最近天气变化特别快，自己一定要注意加减衣服啊！

小 A【擦掉眼泪】：嗯，挺好的。您……您别担心了。

母亲：小 A 啊，怎么啦？是不是哪里不舒服啊？声音听起来怎么怪怪的？

小 A【清清喉咙】：没事儿，就是有点感冒了。

母亲：你要好好照顾自己啊，再不行就去医院检查检查，还有……

小 A【打断母亲】：妈！我真没事，一会儿还要开社团会议呢。不说了，先挂了。

小 A【面向观众】：我不能再这样下去了……可是我该怎么办呢？

【小 A 手机铃声响起】

小 A：喂？辅导员？

辅导员：小 A，现在有空吗？有空的话可以来我办公室吗？

小 A：哦，好的。

【舞台灯光先熄灭后亮起，小 A 走进辅导员办公室】

小 A：老师。

辅导员：坐吧。你今天过得不愉快是吗？可以跟老师好好聊聊吗？

小 A：嗯。【沉默片刻】老师，其实我也不明白为什么……我明明没有做错什么啊！

辅导员：嗯。我去出版社那边问过了，他们反映你的能力很强，就算经验不足也是可以理解的，没有人一开始就可以得心应手，可问题是你的工作态度不太好。说的再坦白些，就是心高气傲、眼高手低。你自己好好回想一下，你有没有他们反映的这些问题呢？

小 A：老师，我不知道，我现在很困惑。

辅导员：还有"十佳"的事情，其实我们都觉得你很有才能，但是你还是在心态上出现了偏差。你的确拥有一身才能，可也少了一些待人接物的谦虚和认真做事的态度。小 A，是时候做出一定的改变了。

小 A：老师……我……

辅导员：不用急于一时，先回去歇一歇，然后再好好想一想，有什么想法都可以过来找我聊一聊。你看，都被雨淋湿了，感冒了怎么办？喏，这是姜茶，回去泡着喝。

小 A：嗯，谢谢老师。【小 A 走出办公室】

旁白：小 A 离开办公室，慢慢向宿舍走去。雨后的空气很清新，这也让她变得清醒。

小 A【面向观众】：我其实一直都被自己蒙蔽着，以前的我总是以自我为中心，不管是做人还是做事，我需要改变自己心高气傲、自以为是的毛病了。尽管还不知道该怎么做，但是我一定会努力的！

旁白：太阳透过云朵洒下丝丝光亮，此时的小 A 也拨开心中迷雾，终于找到了属于自己的曙光。

【谢幕】

第七集　我

【主创人员】

代斌、李林祺、刘雨欣、王杨、熊帅、张琪、张泽阳、赵兴之

【剧情简介】

从小到大，林淇都在朝着自己设定的成功目标前进。可就在某天，一切戛然而止，优秀毕业生林淇死于心脏病突发，还在所谓的地府遇见了阎王。林淇会有哪些奇

遇，请欣赏下面的故事。

【出场人物】

林淇：死于突发性心脏病的优秀毕业生

阎王：具有生死决定权的地府总负责人

曾经的林淇：小淇甲、小淇乙、小淇丙

其他人物：父母、雨欣、获奖者及其朋友们、林淇的朋友们

【心理剧本】

∽ 第一幕 ∾

【林淇走上舞台并向观众鞠躬】

林淇**【面向观众】**：尊敬的评委老师，亲爱的同学们，大家好！今天我要给大家做一个当代大学生心理健康素质的评估报告。

阎王**【小声地说】**：但愿这个报告真像他说的那么有用。

【林淇左顾右盼，沉默片刻之后】

林淇：在开始这次报告之前，请允许我先做个自我介绍。我是李林淇，杭电最优秀的本科生，没有之一。

阎王：想必这才是你要说的重点吧。

林淇**【生气地说】**：您好，我不知道您是谁，但是我被邀请至此并不是为平白无故受戏耍的。

【两人沉默片刻】

林淇：这就是我的自我介绍，杭电最优秀的本科生。

阎王：是吗？那么，你该过来了。

【林淇手捂心口痛苦死去；舞台灯光熄灭】

❧ 第二幕 ❧

【舞台灯光亮起；地府场景】

林淇【站起身来】：这……这是哪儿啊？

阎王【走上舞台】：嗯，我真不清楚应该如何告诉你。【林淇转向阎王】很多次我告诉他们之后，他们马上又会晕过去，我不得不继续等上个把钟头才能开始我的工作。【摇了摇头】那么，你的心理承受能力怎么样呢？

林淇：什么意思？你……你说吧。

阎王：年轻人，很痛快嘛，那我现在就满足你的好奇心——这里就是著名的地府。

林淇：你……你说什么？！这里是地府？！

阎王：是的，换句话说，我就是阎王。

【林淇昏厥倒地】

阎王：唉，你看看，我说什么来着。

【阎王拍拍林淇的脸，林淇双手撑地爬起】

阎王：你说过没事的啊？我就搞不懂了。我是阎王，但不是鬼啊。天天见鬼的是我，我都不害怕，你们害怕什么？你要是觉得虚弱，这儿有把椅子。【林淇缓慢坐下】现在，我们可以开始了吧？【打开卷宗】时间有限，你是李林淇？

林淇：您……您直接叫我林淇就可以，一提林淇大家就知道是我。

阎王：好的，你们这样的人到这儿都会这么说。我首先需要告诉你的是：你的死因是突发性心脏病。

林淇：心脏病？这怎么可能。

阎王：这事儿你说了不算，这是由我来决定的。再说，您就这么信任体检的大夫？

林淇：那些大夫没来我怎么就来了？不管怎么着也不该轮到我啊。要不是……要不是您这么早就让我心脏病突发来到这个鬼地方，我将会在人世间留下传奇！

阎王：哦？那你的传奇是成功吗？

林淇：成功，是指达到或实现某种价值尺度的事情或事件。也就是说，成功就是获得预期结果，包括事业的巅峰、家庭的美满、心理的愉悦等。【声音越来越小】

阎王：林淇哟，你确实如你所说的无所不知。想不想看看你所谓的成功在你身上是如何表现的？

林淇：但看无妨！

【舞台灯光熄灭】

❧ 第三幕 ❧

【舞台灯光亮起；林淇和阎王站在舞台一侧，小淇甲手持成绩单走上舞台中央】

林淇：对，那天是出成绩的日子，当时的我是班级第一、年级第二，我到现在还记得老师是如何夸我的。

阎王：那你记不记得后面的事情？

林淇：后面还有事情？

【小淇甲走进家门】

父亲：小淇，成绩是不是出来了？

【小淇甲默默地点头】

父亲：把成绩单拿给我瞧瞧。

【小淇甲递过成绩单】

父亲：才考第二名，你这是怎么考的，你知道我们对你的期望是什么吗？

小淇甲：我只比第一名低了几分，老师都表扬我了，他说我们班……

父亲【打断小淇甲】：我不想听老师说什么，第二名的成绩在这里摆着。

母亲：第二就第二，我觉得挺好的，孩子已经很努力了，你别老这么要求孩子。

父亲：满足于现状怎么可能进步？你下次再考不了第一，就别想回家了。

小淇甲【小声嘀咕】：不回来就不回来，你以为我稀罕。

父亲：臭小子，你还敢顶嘴了，真是几天不打你皮痒了！【抬手要打】

母亲【上前拉住】：你就知道动手！行了，小淇，我和你爸出去，你自己静静心。

【母亲拉着父亲走下舞台，小淇甲伤心地坐在椅子上】

阎王：看来你的学生时代过得并不是那么如意啊！

林淇：这……

阎王：你还想看下去吗？

林淇：为什么不看下去？

【舞台灯光熄灭，小淇甲走下舞台；舞台灯光亮起，小淇乙和雨欣走到舞台中央】

林淇：雨欣！你知道她是谁吗？

【林淇准备上前，被阎王拉住】

阎王：林淇哟，你在她面前就失控了吗？至于她是谁，我当然知道，是你的初恋吧？

林淇：没想到人间里没人懂我，竟在地府这里找到了知音。

阎王：知音不敢当。你还记得你们的故事吗？

林淇：她还是这样美丽，单纯的她，是这样美好。

雨欣：你不是有话要和我说吗？

小淇乙：最近老师找我谈过好多次。

雨欣：然后呢？

小淇乙：我自己也想了很多，我想要去追求我的理想，我觉得我们现在还是要以学业为重。所以，我们散了吧。

雨欣：理想？你是说我会耽误你的理想？好，那么，再见！

【雨欣跑下舞台，小淇乙抱头蹲下】

林淇：如果那时我不这么决绝，我就不会有现在的成功，只是我心里觉得对不起她。

阎王：你还有信心看下去吗？

林淇：大学里的我可是星光熠熠啊！

【舞台灯光熄灭，小淇乙走下舞台；舞台灯光亮起，小淇丙和记者走到舞台中央】

林淇：当时我获得的是一等奖。

阎王：哦，是吗？

记者：李同学，能问你几个问题吗？

小淇丙：好的，不过你们得快一点了。

记者：你就谈谈自己的获奖感受吧。

小淇丙：一等奖发给我，那是实至名归。

记者：你已经好几次连续获奖，是谁给予了你最大助力？

小淇丙：我要感谢我自己。独立思考、坚持自我，我觉得才是最重要的。

记者：好的，谢谢你接受采访。

【记者走下舞台，小淇丙拨打手机】

小淇丙：爸，我又获奖了。

父亲：几等奖？

小淇丙：一等奖！对了，老师说……

父亲【打断小淇丙】：好，我还有个会，晚点再说吧。

小淇丙：好……好吧。

【小淇丙慢慢挂断手机，获得者和朋友们走上舞台】

获奖者：好开心，我获了三等奖！

朋友们：厉害啊，要不要请客啊！

获奖者：我说你们咋这么高兴，原来都在这等着我呢！【获奖者和朋友们走下舞台】

【舞台灯光熄灭】

❧ 第四幕 ❧

【舞台灯光亮起，小淇甲、乙、丙走到林淇面前】

众小淇：瞧你干的好事！

林淇：这是？

阎王：这是过去的你存在心中的那份不满、那份不甘。

小淇甲：你看看我，你看看我！我哪点像个拥有父爱母爱的孩子，整天泡在题海中无法挣脱。你觉得这就是你想要的吗？

小淇乙：你看看我，你看看我！我哪点像个珍惜美好爱情的恋人，我为了考试放弃了我的初恋。你觉得这就是你想要的吗？

小淇丙：你看看我，你看看我！我哪点像个可以分享喜悦的获奖者，我只有一个人独来独往而已。你觉得这就是你想要的吗？

林淇：够了！你们这是跟谁说话？我就是你们，我是最成功的你们，你们就这么跟我说话吗？

林淇【指着众小淇】：要是没有我那时的坚持，你能进得了重点高中，遇见那个她吗？要是没有我那时的决绝，你能进得了这所大学，追求你的梦想吗？要是没有我那时的孤独，你能获得了最高奖励，实现自己的价值吗？

众小淇【围着林淇边转边说】：你不是我，我不是你。你不是我，我不是你。你不是我，我不是你。

林淇【指着众小淇】：你们……你们敢反抗我？！

众小淇：凭什么不敢？

林淇：我是你们，你们是因为我而存在的，你们是我！

众小淇：我是我，我不是你！

林淇：你们不是我？你们不是我！【摇头挣扎】

阎王：林淇！林淇！

林淇：你少掺和！

阎王：林淇，你失态了。

林淇：你才失态了！

阎王：林淇，你失态了！

林淇【指向阎王】：你给我闭嘴！

【林淇慢慢坐到地上大哭起来，阎王和众小淇沉默地看着林淇】

阎王：林淇，你下辈子要怎样做自己呢？

林淇：我现在比以往任何时刻都更清醒。如果有来世，我希望自己在成长的旅途中能够珍惜生活中的点点滴滴。我想活在当下，过好我的一生。

阎王：那么，我就再给你一次机会吧。

【舞台灯光熄灭】

❧ 第 五 幕 ❧

【舞台灯光亮起】

林淇：爸，这次考试我觉得自己发挥得不错！我想奖励下自己，准备和同学踢球去！

父亲：你应该继续努力的……

母亲：嗯，好啊！你是该出去和同学们放松一下了！

雨欣：你不是有话要和我说吗？

林淇：我想告诉你，我想和你一起变成更好的我们！

【朋友们跑上舞台】

朋友甲：今天要不是林淇的补时绝杀，我们可就输了！

朋友乙：我就说林淇关键时刻绝对靠谱！

朋友丙：走，咱们聚餐去！

林淇【向前一步，面向观众】：瞧，这才是我，这才是属于我的故事。

林淇【向后一步，搂住朋友】：感谢在座的每一位倾听我的故事！请允许我再次介绍下自己。我是李林淇，我是珍惜成长中每一份快乐的李林淇！

【谢幕】

第二篇　桃花潭水

从进入大学开始，我们就要学着处理更多样的人际关系了。在所有大学校园的人际关系中，宿舍关系成为了当下困扰许多大学生最突出的问题。宿舍友谊成了一种很"悬"的东西，如影随形，无声无息，出没在心底。宿舍友谊的小船可以说翻就翻，也可以上升为友谊的巨轮。归根结底，每位大学生都希望在大学四年里寻到朋友、找到归属，但这需要建立在正确的自我认识和恰当的交往技巧上，例如真诚倾听、袒露自己和换位思考等。人际关系是一门学问，也是一门艺术，其中蕴涵着深刻的道理，首先需要学会与彼此抬头不见低头见的同窗室友好好相处。

第一集 走出方寸地，牵手大世界

【主创人员】

蔡万霖、陈旭、邓夏冰、蒋佳容、孙菁靓、许诸峰、杨浩歌、杨绛伊、张琰、朱颖

【剧情简介】

叶子比较孤僻，不会与人交往，她不知道自己该如何应对四年的大学时光。在室友的支持和鼓励下，叶子下定决心，不再躲避在自己的小世界里只跟日记本说话了！她想接触更多的朋友，接触更大的世界！

【出场人物】

叶子：害怕走出自己小世界的大一新生

室友：带给叶子勇气的龙龙、茶蛋、小可

其他人物：母亲、班长、万林、公关部长与副部长

【心理剧本】

ஓ 第一幕 ஒ

【叶子坐在椅子上低头看书，母亲走上舞台并面向观众】

母亲：我是叶子的母亲。叶子从未独自离家远走，从未接触过多的繁杂喧闹，从未思考过终有一天自己要走出眼前的方寸地，抬起头来看看外面的世界。作为她的母亲，我也知道她的性子，这些年里也从未要求她要好好地与人相处。我看到她坐在教室的角落里，一个人安安静静地低头看书，累了的时候还会把书高高支起，【叶子高高举起手中的书】用书的背脊来表明自己疏离他人的态度，这让所有想要与她交流的孩子们望而却步。我看到她在走路时也总是低着头，不知是不想和别人打招呼还是不想认识任何人。我总是免不了心疼和担忧，这孩子什么时候才能不画地为牢，走出自己的小世界，看看外面的大世界呢？

叶子【放书起身并面向观众】：日记本啊，我有些害怕，我躲了这么多年不想与其他人有太多交集。可是，大学不比高中初中，我还能像以前那样独善其身吗？从小到大，我从未这么远离家，还要在四年里与其他人同住一室，我心里真的好害怕。我不想如此，可现实在逼迫我走出一个人的世界。唉，我该怎么办呢？

ஓ 第二幕 ஒ

【宿舍场景；叶子走上舞台，龙龙、茶蛋和小可在收拾各自的行李】

旁白：叶子是宿舍里报到最晚的，室友们都各自收拾得差不多了。

【叶子犹豫地敲门】

龙龙：哎哎哎，最后一位室友终于来了，快开门快开门！

茶蛋【急忙开门】：嗨，你好，欢迎631的第四枚小盆友到来！

叶子：哦……嗨！我……我也很高兴……

小可【走向叶子】：喏，刚买的苹果，超级甜的咧，你快吃吃看。

叶子【接过苹果】：呃……哦。

茶蛋【收拾行李】：我的衣服好像有点多，感觉都快塞不下了。

龙龙【走向茶蛋】：我来帮你，叠衣服可是有技巧的。来来来，看着我叠啊。【小可凑过去】喏，这样……这样……然后这样。怎么样，还行吧？

茶蛋、小可：厉害啊！

旁白：叶子坐在自己的位子上，盯着手中的苹果看了好久，又看向叠衣服的三人，然后默默地收拾起行李来。

茶蛋【微信响起】：是隔壁的淡淡，她自己一个人搬箱子搬不上六楼，我们下去帮她吧！

龙龙：那咱们走吧！【两人牵手走下舞台】

叶子【面向观众】：她们都这么自来熟吗？她们应该经常互相帮助吧？她们最好不要和我讲话，我真不知道该怎么应付……

❧ 第 三 幕 ❧

【教室场景；班长站着，叶子、万林、茶蛋和龙龙坐在座位上】

旁白：班级里正在举行学生会和各社团的报名活动。

班长：大家静一静啊！【边说边把手中五彩缤纷的宣传册以打开扇子的方式打开】咳咳咳，同志们！这是学生会和各社团的招新宣传册，各位有兴趣的同学可要抓紧时间报名啊。我还听说咱们学院颜值最高的院花和院草都报名学生会了，现在报名学生会的人那可是排的比食堂的队伍还长呢！

万林：快快快！赶紧发报名表吧！

班长：肃静肃静，看把你急的！不会是瞄着院花去的吧！

【众人哄笑】

龙龙：班长，我要报公关部！

班长：好嘞！

茶蛋：我要报宣传部！

班长：报名表，走你！

小可：有没有美食部？

班长：这个还真没有。

【众人哄笑】

万林：哎哎哎，我要报体育部！

【众人哄笑】

万林：你们懂什么？【展示自己瘦弱的胳膊】浓缩的就是精华！

班长：是是是！

旁白：大家开心地笑作一团，只有叶子坐在离大家很远的地方，抱着一本《孤独者》来降低自己的存在感。从始至终，她都没有看进去书，她不知道在这样的情境里自己该怎么做。听到大家的笑声，叶子的头埋得更低了。

❧ 第四幕 ❧

【学生会场景；叶子和面试官们坐在座位上】

旁白：不知是谁把学号错填成了叶子的学号，结果她不得不来参加公关部的面试。

副部长【打量叶子】：请你先做个自我介绍吧。

叶子【低着头说】：我……我叫叶子，来自卓越学院经管班。【声音渐弱】

旁白：叶子停了下来，静静看着脚下的地面，不再说任何话。

【冷风吹过的背景音乐响起】

部长【抖抖身子】：好冷，冻死我了。这位同学，你还有什么要说的吗？就这些了吗？【沉默片刻，扶扶眼镜】真的没了？

旁白：叶子低着头一言不发，只是轻轻地点了下头。

部长:这样子是不行的啊!你报的可是公关部哦,是要求敢于表现自己的。再说了,沟通能力强可以搞好人际关系,这也是为以后正式踏入社会打基础。你看上去胆子很小嘛,怎么会想要报公关部呢?

【冷风吹过的背景音乐响起】

部长【抱住自己】:嗯,也对,胆子小才更要来锻炼的嘛,还是我大公关的魅力太大啊!这么多大一新生都想要进我们部门,也不看看现在的部长多么英明神勇……【撩起头发】

万林【气喘吁吁跑上舞台】:报告部长,我是一号种子选手万林,刚刚我只花了十分钟跑了 800 米赶到这,本届的运动会我已经想好要报 5000 米了。部长,请一定要收下我呀!

部长:这位同学,有你这么乱入的吗?这里可是公关部的面试场地。再说,你以为体育部部长会像我这么帅气吗?【扶扶眼镜】

万林:原来是玉树临风的公关部长啊,真是久闻大名,失敬失敬!

部长:过奖过奖!【扶扶眼镜】

万林:学长,您能不能帮学弟在体育部部长面前美言几句?

部长:好说好说。走,我带你去找体育部部长去!【两人走下舞台】

副部长:这位同学,你可以先回去了。【走下舞台】

旁白:叶子慢慢地抬起头来,看着空荡荡的教室,失落地走了出去。

❧ 第五幕 ❧

【草地场景;叶子、龙龙、茶蛋和小可坐在地上,叶子在看《孤独者》一书】

小可【拿包辣条】:叶子,快吃辣条,超级好吃。

叶子【低头接住】:谢……谢谢。

小可:吃嘛吃嘛!

茶蛋:叶子,我看到你空间里拍的照片特别好看,这次部里交代我要拍一些好看的照片。我怕拍不好,你能不能帮帮我?

叶子【放下书并接过相机】：这……我……好吧……

龙龙【走向叶子】：叶子，别紧张。我看你总是和大家保持一定的距离，其实人际交往并没有你想的那么难，至少和我们仨相处真的没那么难哦。你按照自己的节奏试着融入大家，一定会慢慢适应大学的生活的。

茶蛋：叶子，让咱们一起快乐地度过四年吧！

【小可嘴里塞满零食用力点头】

旁白：叶子抬头看着室友们，想要推脱的话也说不出来了，她轻轻地摩挲着手里的相机，觉得小小的相机此刻变重了，重得让她不愿意轻易放下它。

龙龙：别总是低头看着自己眼前的方寸地，以你双脚为中心三十厘米为半径的圆之外，可是一个很大的世界。我们一起去看看吧，请不要拒绝我们好吗？【伸出右手】

【叶子犹豫地伸出右手，龙龙将叶子拉了起来】

龙龙：美女们，咱们一起拍照咯！

【茶蛋和小可站起身来拍手】

旁白：草地上充满了欢声笑语，四个人在草地上边跑边拍照，叶子那紧锁的眉头一点点舒展开来了，就连嘴角的酒窝也忍不住露了出来。听，叶子终于笑出来了！

叶子：哈哈哈哈！

【背景音乐《幸福的味道（千与千寻）》响起】

☞ 第六幕 ☜

【宿舍场景；茶蛋推门而进，叶子、龙龙和小可坐在椅子上】

茶蛋【挥舞奖状】：叶子叶子，你太棒了，你的照片获奖了！校园摄影作品一等奖呢！咱班也因此被评为优秀班集体呢！

【龙龙和小可连忙围过来】

叶子：真的吗？我第一次为集体获奖……

茶蛋：太棒了！咱们班的同学们可高兴了！你现在是很多人心目中的大神了！

叶子：真的吗？大家喜欢我吗？我好开心啊！

龙龙：叶子，那本《孤独者》可不可以借给我？

旁白： 叶子久久地看着那本书，久到大家都以为她并不想借。

龙龙：如果你不想借没关系的，我只是……

叶子：不是的，拿走吧，送给你了。

龙龙：啊？

叶子：因为，我不再孤独了！

【背景音乐《相亲相爱一家人》响起】

【谢幕】

第二集　清明假期了解一下

【主创人员】

林宣廷、陆苏、金凯琳、彭浩宾、王嘉敏、伍绮雯、余文丽、俞芷祺、钟苏媛

【剧情简介】

　　步入大学的阿双，离开了温暖的家庭和亲密的朋友，开始面对独立自主的大学生活。阿双认为室友们不愿与自己交朋友，因而常常觉得孤独和苦闷。直到有一天，苦恼的阿双碰到了一位中二神。在他的法力下，阿双开始了奇特的际遇……

　　本文部分人物性格及设定参考漫画《戏精宿舍》。

【出场人物】

　　阿双：感觉自己无法融入宿舍的大学生

小依：喜欢参加活动的室友

珊珊：来自本地的室友

思思：成绩很好的学霸室友

中二神：拥有法力的月雅湖神

其他人物：阿双父母、阿双的朋友小梦、珊珊母亲、小依打工处的小姐姐、思思的吃鸡队友

【心理剧本】

❧ 第 一 幕 ❧

【宿舍场景：小依、珊珊、思思和阿双各自坐在自己的椅子上】

旁白：四月里校园的石楠花开了，美好的气息环绕着同学们，还有即将到来的美好假期。

小依：宝贝儿们，清明小长假都有安排了吗？

珊珊【摘下耳机】：我当然是回家啦，你们呢？

思思【低头写作业】：我报了补习班，英语六级要好好复习一下。

珊珊：小依，你呢？

小依：唉，我和社团里的人约好了一起去短途旅行，想想就累哦。

【阿双看了小依一眼，没有说话】

珊珊：阿双呢？

阿双：我……

珊珊：不回家吗？【突然想起】哦对，你是外省的不方便。要不我推荐你几个杭州的景点去玩儿吧？

阿双：不用了，我【强行找理由】……和同学约好了。

【小依手机铃声响起，珊珊戴上耳机听歌，思思继续埋头写作业，阿双沉默地走出宿舍】

阿双：放假，又要放假了。一个个都有安排，就剩我孤家寡人一个……唉，如果

我是她们那样就好了……

【阿双走下舞台】

珊珊【摘下耳机，招呼众人】：哎，来来来。【三人围拢】

珊珊：你们觉得阿双真的有安排了吗？

小依：我觉得……没有。

思思：附议。那她干嘛不听你的推荐啊？

珊珊：嗨，要面子呗，说一个人多尴尬啊。

小依：啊，我想起一件事，上次我帮辅导员整理资料，发现……【声音渐小】

珊珊：真的呀？那我们……

小依：我有个想法不知当讲不当讲……

珊珊：爱妃但说无妨！

【小依、珊珊和思思耳语；舞台灯光熄灭】

❧ 第 二 幕 ❧

【舞台灯光亮起；校园场景；阿双走上舞台】

旁白：夜色下的月雅湖静谧而美丽，晚风徐来，可以吹散一天的疲倦与愁绪。

阿双【接听手机】：嗯，都好，学习还跟得上。爸，您不用担心。

阿双父亲【在舞台一侧拿着手机说话】：那和室友相处的还好吧……唉，在外不比在家，和人打交道可要留点心啊。

阿双：嗯，知道了，爸……

阿双父亲：成，那在外可要照顾好自己啊。

阿双：嗯，知道了，您甭担心……【挂断父亲电话又接听朋友电话】

阿双：喂，小梦？

小梦【在舞台一侧拿着手机说话】：哎呀，双双啊，你总算想起给我打电话了。怎么样，在杭州过得还习惯吧？

阿双：你可别提了，我都快崩溃了。

小梦：怎么，不适应吗？

阿双：对啊……吃的不适应，住的不适应，你看看连这天气，一会冷一会热的，我都快晕乎了。

小梦：是吗，那还真惨，我这边还好了，吃的算习惯，住的也不错，就是认识的人不多。两个室友都是本地的，她俩平时聊天话题多，我有点儿插不上话。哎，你室友怎么样？

阿双【摇头叹气】：你不提还好呢。这都一个多学期了，路上遇见我还和陌生人似的呢。

小梦：不至于吧……这么夸张？

阿双：就是啊。我跟你说啊，我们宿舍四个人，一个清纯可爱小白莲，各种社团啊组织啊玩的特顺，从大一到大四都有熟人，一天到晚活动不断。另一个本地人，人家有自己的圈子，根本不搭理我们。剩下一个宇宙最强学霸，成天泡图书馆，都快钻到书堆里了……你看看，我可不就是空气吗？

小梦：哎呀哎呀，别这样，你主动点，说不定人家就带你玩儿了呢，你别老一个人拉着个脸，好像人家欠你钱似的，谁愿意搭理你呀？

阿双：算了算了，我那几个室友啊，一个什么事都要管两管，好像世界没了她们就不运转。本地人怎样，了不起啊？小白莲呢，她前阵子刚失恋，感觉没话讲。那个学霸，张口闭口就是成绩，我觉得就是炫耀，看不起别人比她差呢。

小梦：哎哎，又来了，你老这样先入为主地给别人贴标签，还能客观友好地和她们做朋友嘛？

阿双：我也不想这样啊，她们都拿鼻孔看人，我还看不出来嘛……

小梦：你这样在心里给别人划三八线，当然既接纳不了他人又推销不出自己啦！放下成见，你室友之前还跟我打过招呼呢，我觉得他们人都还行的……好啦好啦，我有晚课，先不说了。

【阿双挂断手机】

阿双【起身回头】：谁？【树下阴影处走出小依】

阿双【后退一步】：啊……好，好巧……咦，你不是有聚会吗？

小依【冷淡地看了阿双一眼】：没去。

【两人沉默片刻，小依走下舞】

阿双：天呢，她不会听见了吧？什么人啊？！怎么能偷听别人讲话！【做出踢石子状，背景音乐扑通声】

中二神【走上舞台】：哎呦！

阿双：啊！

中二神【从湖中升起，面带迷之微笑】：年轻的女孩哟，你掉的是这粒金石子呐，还是这粒银石子呐？

阿双【惊讶】：你是谁？

中二神【花式鞠躬】：吾乃杭电月雅湖之神。哎呀呀，是什么让你青春的面容蒙上了阴霾？让我来为你驱散吧。

阿双【内心旁白】：现在 Cosplay 都这么有创意了？

中二神：好啊，竟然不信我，没有童心的家伙。这样吧，你随意提一个愿望，我可以帮助你实现哦。

阿双【内心旁白】：我错了，这可能是个疯子。不对，他听得见我的心声？

中二神：你太过分了！21 世纪，神格这么不可信了吗？！哼哼，神无所不能！别以为我不知道你在想什么，就让我伟大的月雅湖之神来帮你实现吧，哦吼吼吼！

旁白：这是一个中二病的神，了解一下。

【舞台灯光熄灭】

❧ 第 三 幕 ❧

（注：这一幕里阿双的灵魂进入了珊珊的身体）

【舞台灯光亮起；家庭场景】

旁白：虽然是中二病，但神就是神，阿双的愿望实现了……

阿双【天旋地转，好不容易站稳】：这是哪儿啊我的天？！【手机铃声响起】

阿双：喂？

珊珊母亲：珊珊啊，清明节妈妈要出差，你自己在家吧，记得叫钟点工打扫房间，不想做饭就叫外卖啊。

阿双：不，我不是……

珊珊母亲：好了，不说了，妈妈很忙，就这样吧。【挂断手机】

中二神：如你所愿。

阿双：如我所愿？这是什么情况？你这是拐卖人口！

中二神：小姑娘能别乱说吗？作为社会主义法治国家的好神仙，我怎么可能拐卖人口？！

阿双：那……

中二神：照照镜子啦。嘻嘻，祝你玩得开心！哦哈哈哈！【走下舞台】

阿双【凑到镜子面前看自己】：这不是珊珊吗？哇塞，我竟然可以体验一下本地人的富贵生活了！【开心地哼歌，在房子里打量】哎哟，这房子三层啊，这么大啊。【饶有兴致地参观起来】

阿双：这么大的房子怎么没人啊？空荡荡的……嘻嘻没关系，这里的电脑真不错，先吃几局鸡！

旁白：三个小时过去了。

阿双：这都已经要过饭点了……怎么还没有人回来啊。

中二神【走上舞台】：你妈妈刚刚打电话告诉过你啦，她假期加班不回来了，你要吃饭就叫外卖。

阿双：那她老爸呢？

中二神【哈哈大笑】：你不知道她爸妈离婚了吗？你们不是一个宿舍的吗？

阿双：这种事情我怎么会知道……那她就一个人在家？

中二神：不然呢？哦，不对，你还可以找钟点工。

阿双：那她的朋友呢？怎么这么久都没有一个人找她？

中二神：她的朋友清明节都一大家子去祭祖啦，怎么会有时间找她玩。

阿双：啊啊啊啊啊，那不就是跟一个人在宿舍一样吗？完全没有意思啊啊啊啊！我的清明假期怎么可以就这样过！

中二神：啊？那你要怎么样？

阿双：你怎么不选一个生活丰富一点的！这么无聊的我不干！

中二神【做思考状】：嗯，我知道该怎样了。

【背景音乐：施魔法声】

◈ 第四幕 ◈

（注：这一幕里阿双的灵魂进入了小依的身体）

【舞台灯光亮起；咖啡馆场景】

阿双：这……这又是哪啊？

中二神：哈哈，这就是你想要的丰富生活啊。

阿双：哦……啊？啊啊啊？什么鬼？

中二神：神啦，是神！我先溜了呀，你慢慢享受。【走下舞台】

阿双：什么呀，这个不负责任的破神。

阿双【找到镜子打量自己】：这不是小依的身体吗？她不是跟社团的人一起出去玩了吗？怎么会在这里……【四处打量】不对，这里又是哪里？

小姐姐：小依，你在干什么呢？还不出来？前边都忙得不可开交了，你不会是在后面偷懒吧！

阿双：啊？这是什么情况？小依还要打工？她平时不是玩得挺开的吗？竟然没钱？这不就代表着……我要代替她打工？那个，那个什么神！你在吗？

小姐姐：你到底在干什么啊？怎么还不来！

阿双：神！神！不在？我马上就来！

【阿双正在擦杯子】

小姐姐：喂，你上次用的那个口红今天带了吗？借我用用呗。

阿双：嗯？嗯？客人还在等着呢，我要先过去了。【转身走开】

小姐姐：切，以为自己算什么？不过就是有那张脸，会讨老板喜欢而已。看那副德行……

阿双：这些都是什么人呀，小依怎么在这种地方上班。

【阿双忙了片刻】

阿双：唉，终于可以休息了。趁这个时间出去买点咖啡吧，困死了，都已经快一点了。上什么夜班啊。刚刚好，顺便去找一下那个不靠谱的神棍。

【舞台灯光先熄灭后亮起；便利店场景】

阿双：老板，一杯热咖啡。

思思：老板，和她一样的。然后……还有这个泡面、巧克力……

阿双【内心旁白】：这个不是大学霸吗……上了一天英语补习社，怎么这么晚还出来啊。

思思：你也在这啊。

阿双：是啊，怎么你也……

思思：和平常一样啊，泡吧。

阿双：泡吧？

思思：不然呢，我回家？

阿双：你爸妈不担心……

思思【不在乎地自嘲】：担心？担心什么？他们只会担心我的成绩啦，成绩不掉下去，我怎样他们都不会管。那种一回家就是"你这次考得怎样"，其他一句话都不多说的家，谁想要回去。

阿双：这样啊……

思思：对了，你东西准备得怎么样了？

阿双：嗯？

思思：回学校就要用了，你不会没准备吧？

阿双【内心旁白】：学校要的资料吗？还是什么别的东西？

阿双：准备的差……差不多了吧。

思思：那就好，你不是还要回去打工吗？

阿双：是……是啊。

思思：那我就回网吧去了，还是待在那舒服点。

【阿双走转身走开】

阿双：神棍神棍！你在吗？

中二神【走上舞台】：说了多少次了！是神！

阿双：好吧好吧，神！快换回来！

中二神：换回来？为什么？你不是要丰富生活吗？难道你想要和刚刚那个学霸换？哎呀，这可不行，她在的地方人太杂了，你这种乖乖女不习惯的。难道是你嫌累了？

阿双：你也知道！我一直在工作，不对，现在不是这个问题！我要跟过去看看！她一个女孩子大半夜去那种地方！！！

中二神：你跟过去不也是一个女孩子嘛。

阿双：这不是还有你在吗？你是神啊，神不是无所不能的吗？

中二神【神采飞扬】：那好吧，我就勉为其难帮你一下。不过说好了，你只能是灵魂状态！突然出现在网吧里被人看到可不是什么好事。

阿双：那就这样吧。

【阿双站在舞台一侧】

思思：别傻了，你刚刚那个走位算什么啊。

队友：哥，又不是谁都有你这脑子，别难为我了。

思思：成吧，成吧，就这样，你躲在我身后，别怂就好。

队友：嗯，不过哥，你又吃这些东西啊，垃圾食品！你一天都没有好好吃饭了吧。

思思：吃饭？那种事情不重要啦。

队友：哥，再这样下去会吃坏肚子的。

思思：怕什么，反正也没人在意。你还是认真打游戏吧。

阿双：她就是这样的呀，看来这地方也不算很乱。

中二神：地方是不算乱，就是你家学霸身边的人都不简单。不说这个了，人你也看见了，绝对没有危险的啦。你也该回去了吧，都这么晚了。

阿双：那好吧。不过……

中二神：嗯？

阿双：给她留点东西这么小小的要求不过分吧。

中二神：你说。

【阿双与中二神低语，中二神抬手施展魔法】

思思：咦，这是谁的饭？放在这里？

小伙伴：哥，这不是给你的吗？上面留了个名字。

思思：哦？哪个家伙，这么多管闲事。

小伙伴：趁热吃吧。

思思：嗯。

【舞台灯光熄灭】

❧ 第五幕 ❧

【舞台灯光亮起；宿舍场景】

旁白：阿双睁开眼的时候，夜晚已经降临了。只有她一个人的宿舍，未免显得孤寂，她再次感受到了孤独。

阿双：果然只是个梦啊！不过……似乎有点累啊？【小依、珊珊和思思跑上舞台】

小依、珊珊和思思：Surprise!

阿双：你们，你们怎么在这儿？

小依【递过手中的蛋糕】：还不是怕你孤单嘛……给，生日快乐！

阿双：你们……知道我的生日？

小依、珊珊和思思：都知道哦！

珊珊：以后有什么心事就和我们说嘛，不要闷在自己心里，我们可是室友啊！

思思：对啦，离开家，我们就是最亲的人啦。

阿双：谢谢……谢谢你们……

【手机短信声响起】

阿双父母【幕后旁白】：小阿双，生日快乐。出门在外多照顾自己，爸爸妈妈永远爱你。【阿双擦拭眼眶】

珊珊：好啦好啦，来来来，吃蛋糕吃蛋糕！【欢声笑语】

旁白：人生本就孤独，幸而陪伴总在。远方父母的温情，身旁师友的关心，一点一滴都是陪伴。我们都像一只无助的刺猬，内心柔软却假装坚强。陪伴就像可以融化坚冰的阳光，即使有阴霾，阳光也将无处不在。

【谢幕】

第三集　一路上有你

【主创人员】

崔瑞东、崔万龙、段正浩、洪尚汝、林展存、李智星、曲泓润、唐升、宋恺、随鹏、孙语昊、王骞、魏宁、翁海林、赵莉骞

【剧情简介】

从踏入大学的那一刻起，没有志同道合的生死兄弟，却只有八字不合的"极品"室友。或许只有借助一场匪夷所思的梦，才能让他们看清人与人之间该如何相处。即使性格天差地别，也不妨碍友情的增长，更不会带走大学生活的乐趣……

【出场人物】

王建国：觉得室友都是"极品"的大学生

室友A：也是孙猴子，脾气火爆的大学生

室友B：也是唐三藏，婆婆妈妈的大学生

室友C：也是沙和尚，缺乏主见的大学生

女妖精：王建国的女同学

其余人员：小妖X、小妖Y、其余小妖

【心理剧本】

❧ 第 一 幕 ❧

【宿舍场景；室友A、室友B、室友C三人在舞台上分别坐在各自的椅子上】

王建国【走上舞台】：各位好，我叫王建国。2017年的9月，我拿着录取通知书，怀着激动与兴奋的心情来到了杭电。我以为自己将拥有梦想中多姿多彩的大学生活，可是天不遂人愿，光是老天给我安排的室友，就让我忍不住感叹造化弄人啊。【转身看向三人】

室友A【生气地说】：我觉得这次卫生检查不合格就怪王建国！要不是他的桌面乱七八糟还忘记扔垃圾，我们宿舍才不会被点名批评！那天明明是他值日！【双手叉腰并来回踱步】

王建国【面向观众】：看看看，这人脾气又臭说话又难听，有时候我真的想给他两拳。【推门而入】

室友A【站起来说】：王建国，你知不知道……

室友B【起身阻拦】：哎呀，好了好了，我们有话好好说。【拉住A并把他按回座位上】

王建国【面向观众】：唉，这人就是我们的宿舍长，说话啰里啰唆的，每天就知道叨叨。

室友B【语重心长】：咱们都是一个宿舍的，有什么事情不能好好说？不过建国你也是，我昨天晚上和你说了好几遍今天要检查卫生，这个桌子啊一定要整理整齐，我们要认真对待。再说，整理个桌子也没什么难的，只要……

王建国【急忙打断】：好好好，我知道了，行了吧。

室友 B：你不要不耐烦啊，小 C 你说我说的对不对？【转向小 C】

室友 C【慢慢抬头】：这……这不……这不可能不对，宿舍……宿舍长说的都对。

王建国【面向观众】：这个小 C 说话结巴，一点儿主见都没有，像根草似的，风往哪边吹，就往哪边倒。

室友 A【生气地说】：我看这事儿就怪王建国！要不是……【说到一半戛然而止，所有人抬头看天花板】

室友 C：哎？灯……灯咋灭了？

室友 B：熄灯了，熄灯了，大家赶紧休息吧。要知道早睡不但对身体好，而且也……

室友 A：你快别说了，你这嘴叭叭地能发电还是咋的。

【室友 A、室友 B、室友 C 三人离开舞台】

王建国【面向观众】：唉，我本来以为能在大学遇见志同道合的朋友，彼此间能够互相陪伴、共同进步……得，我看啊，就这三个极品室友，我这大学生活算是彻底毁了……我要告诉辅导员，我要换宿舍！【舞台灯光熄灭】

❧ 第二幕 ❧

【舞台灯光亮起；乡村背景；王建国换过服装后上台】

王建国：哎？这是哪儿啊？

【室友 A、室友 B、室友 C 换过服装后排纵队上场】

室友 B：一二一，一二一，一二一，立定！【惊讶地问】哎，王建国，你怎么在这儿啊，我们还到处找你呢。

王建国：哈哈哈，你们这是什么打扮啊？Cosplay？【来回打量三人】哦，我知道了，这不是西游记嘛！哈哈，我看看啊。【站到室友 A 和室友 B 中间】

王建国【指着室友 A】：你是孙猴子。

室友 A：怎么着，没见过你孙爷爷啊！

王建国【指着室友 B】：你是唐三藏。

室友 B：阿弥陀佛，善哉善哉。

王建国【指着室友 C】：你是沙和尚！

室友 C：二…… 二师…… 二师兄，您说得对。

王建国：哈哈，你叫我二师兄，那我不就是……【指着自己并片刻停顿，其他三人看向王建国】原来，我是猪八戒啊！

室友 A、室友 B、室友 C：可不是嘛！

【王建国抱头蹲下】

室友 C：二师兄…… 二师兄…… 你这是怎么了？

王建国：我难受！

室友 A【一把拉起王建国】：少废话，上路了！

【四人原地踏步】

室友 B：齐步走！一二一，一二一……【突然停步，三人撞到一起并扶额喊疼】

室友 A：哎呦，呆子！你撞我干嘛！

王建国：你以为我想啊，还不是你突然停下！

室友 B：好了，你们别吵了。我想起个事儿，你们还记得观音大士吗？

王建国、室友 A、室友 C：记得啊。

室友 B【背景音乐《Only you》响起】：说起观音大士，就想起从前我在寺里朝夕参悟佛法，突然有一天出现一个衣衫褴褛的小乞丐。我看他实在可怜，就问他，小朋友你冷不冷啊？他说，我冷。我就拿自己的衣服换了他的衣服，没想到这个小乞丐是观音大士……【讲故事时全情投入】

【王建国打喷嚏，背景音乐停止】

室友 B：哎呀，我的思路被你的喷嚏弄没了。那么，我刚才说到哪儿了？

室友 C：观…… 观…… 观音大……

室友 B【背景音乐《Only you》响起】：说起观音大士，就想起从前我在寺里朝夕参悟佛法，突然有一天出现一个衣衫褴褛的小乞丐……

室友 A：停停停！【背景音乐停止】你刚刚说到后面了！

室友 B：哦？我说到哪儿了？

室友 C：观……观音……观音大士……

室友 B：说起观音大士，就想起从前我在寺里朝夕参悟佛法……

王建国【捂住室友 B 的嘴】：师父！赶紧说重点！【室友 B 猛点头，王建国开松手】

室友 B【从包袱里拿出袈裟】：我要说的就是这件袈裟，一看到它，我就会想起观音大士。【背景音乐《Only you》响起，三人陆续开始走神】说起观音大士，就想起从前我在寺里朝夕参悟佛法，突然有一天出现一个衣衫褴褛的小乞丐。我看他实在可怜，就问他，小朋友你冷不冷啊？他说，我冷。我就拿自己的衣服换了他的衣服，没想到这个小乞丐是观音大士幻化而成。这袈裟就是他给的，所以说悟空啊……悟空！

室友 A：哎，哎，在呢！

室友 B：这件袈裟收好，千万不要弄丢，这可是观音大士送的。说起观音大士……

室友 A【连忙打住】：别，打住，我知道了！师弟，师弟，呆子！【拍了王建国一下】

王建国【揉着手臂】：干嘛！

室友 A：快把袈裟收好！

王建国：哦。【接过袈裟并递给室友 C】

室友 C：好……好的……师兄。

王建国：这是师父的……婚纱！你收好，千万别丢了哦。

室友 C：好……好的。

【女妖精走上舞台】

女妖精：嗨，各位小哥哥好！

室友 B：这位女施主……

【王建国向前一把推开室友 B】

室友 B：哎？哎？哎？

王建国：小姐姐，你好啊，嘿嘿。

【室友 A 和室友 C 一起把王建国拉到一边】

室友 B：这位女施主有什么事吗？

女妖精：我来给种地的父亲送吃的。我看你们神色疲劳，应该是赶路的吧。我这里有些馒头，不如分你们点吧。【把馒头塞给室友 B】

室友 B：谢谢女施主。

室友 A【一直打量女妖精】：哒！妖精！休想逃过我的火眼金睛！【做出打人的姿势】

女妖精：我好心送给你们吃的，你怎么能胡说八道呢！你居然污蔑我是妖精，圣僧你要给我做主啊！【躲到室友 B 身后】

室友 A：妖精！拿命来！

女妖精：啊！不得了啦，和尚打人啦！【女妖精跑下舞台，室友 A 追赶上去，室友 B 将馒头塞到王建国手中后紧随其后】

室友 B：悟空啊，你别老是打打杀杀的，停一停！

王建国：哎？你……

【室友 C 把袈裟塞到王建国手中后也跑下舞台】

室友 C：师……师父！

王建国：不是，你这，我……【低头看着手中的袈裟和馒头】

王建国：一群傻子，果然都是猪队友，不过至少我有馒头吃。【咬一口馒头】嗯，好吃！哎呦，哎呦，我的肚子……不行了，好疼啊！【放下馒头和袈裟，急忙跑下舞台】

【女妖精上台，身后跟着小妖 X 和小妖 Y】

女妖精：哼！这讨厌的猴子！我在馒头里下了泻药，本来想先放倒他们，然后再将他们师徒一网打尽，没想到居然被他识破了！真是气死我了！

小妖 X【捡起袈裟】：报告大王！

女妖精：不要叫我大王，要叫我女王大人！

小妖 X：是是是，大王。不不不，是女王大人！这里有个袈裟！

女妖精【拿起袈裟】：咦？这不是唐三藏的袈裟吗？【思索了一番】有了，咱们就用这件袈裟做诱饵，引诱他们师徒上钩！弄丢了袈裟，他们肯定会反目成仇，到时候就是一盘散沙，我们就可以各个击破了！啊哈哈哈！

小妖 Y：大王英明！

女妖精：不要叫我大王，要叫我女王大人！

小妖 X 和小妖 Y：是是是，大王。不不不，是女王大人！

【女妖精、小妖 X 和小妖 Y 走下舞台，室友 A、室友 B、室友 C 走上舞台】

室友 A【抓耳挠腮】：气死我了，竟然让那妖精跑了！

室友 B【气喘吁吁】：哎，哎，悟空啊。你要累死为师啊，为师说了多少遍了，不要这么火急火燎的，你这样……哎，我说不动了……对了，我的袈裟呢？没弄丢吧。

室友 A：我给八戒了。

室友 C：二…… 二师兄给…… 给了我，但…… 但是…… 我刚刚又…… 又……又给了他。

【王建国走上舞台，三人齐看向他】

王建国：这下舒服了！咦，你们都看着我干嘛？

室友 A：袈裟呢？

王建国：哦，袈裟啊，在……【环顾四周】咦？袈裟呢？

室友 B：你不会是弄丢了吧！

王建国：我记得明明在……

室友 B：噢！【做晕倒状，室友 C 上前扶住】

室友 A：就这么一件事你都做不好，你有什么用！

王建国【生气地说】：你教训我干什么呀！要不是你脾气暴，非要去追那妖精，袈裟能丢吗！

室友 A：你还怪上我了！你这个呆子！

室友 B【虚弱地说】：好了好了，大家别吵了。不过，八戒啊，这件事你逃不了责任，看好一件袈裟也不是什么难事……

王建国：够了！你别啰嗦了！每次听你啰嗦我就心烦，一个大男人怎么这么多话！

室友 C：师……师……师父……

王建国：你也别说了，你又要说"师父说的对"、"大师兄说的对"，你就是他们的应声虫！我受不了你们三个了，我不想再和你们一块儿了！

室友 B：八戒……

王建国：别喊我八戒！

室友 A：滚回你的高老庄去！师父，我们走！

室友 B：可是……

室友 A：我们走！

【室友 A、室友 B、室友 C 三人走下舞台】

王建国【面向观众】：喊！走了清静！我还用不着你们呢！不就是一个人吗，那有什么关系，我顶天立地的男子汉用不着谁来陪！没有你们，我的日子会过得更好唻！

【女妖精、小妖 X、小妖 Y 走上舞台】

女妖精：哎呦，这不是八戒小哥哥吗？你怎么一个人啊？我知道了，你师父和师兄都不要你了吧，那你不如【语气由温柔变凶狠】到我的白骨洞做客去吧！小的们，给我拿下！

小妖 X、小妖 Y：是！【紧紧抓住企图逃跑的王建国】

女妖精：带回去，晚上我们吃黄豆炖猪蹄！正好美容养颜，啊哈哈哈！【拿出镜子来看】

小妖 X、小妖 Y：大王威武！

女妖精：不要叫我大王，要叫我女王大人！

❧ 第 三 幕 ❧

【洞穴背景；小妖 X、小妖 Y 将王建国绑在椅子上】

女妖精：你们俩快去烧热水。

小妖 X、小妖 Y：好的大王。

女妖精：不要叫我大王，要叫我……算了，你们赶紧下去吧。

女妖精：哼，我已经命人把你被抓的消息放出去了，等你的师父和师兄弟来救你的时候，我就把他们一起抓了炖肉吃。吃了唐僧肉我就可以长生不老了，啊哈哈哈！

王建国【沮丧地说】：别想了，他们不会回来救我的。

女妖精【不解地问】：为什么，你们不是 Team 吗？从东土大唐一直走到这儿，他们会不来救你？

王建国：我……唉，反正他们是不会来的！

女妖精：那我问你，你刚来学校的时候，是谁帮你开的门，又是谁帮你搬的行李？

王建国【面向观众】：我是最后一个到宿舍的。开学前一天，我的火车晚点。知道我是一个人来的，小 B 来火车站接的我，不仅帮我搬行李，还帮我一起收拾行李，我缺的东西也都是他借给我用的……

女妖精：那是谁在你胃疼的时候陪你去的医院？

王建国【面向观众】：上个月我胃病又犯了，是小 A 背我去的医院，小 C 给我挂的号。小 C 结巴话说慢，护士嫌他浪费时间，可他一点都不介意，还帮我买了药。

女妖精：那又是谁和你一起度过大学里的第一个中秋节？

王建国【面向观众】：小 A 和小 B 家住得近，可他们都没回去而是留了下来。我们买了啤酒，炸鸡……还有月饼。那天大家都说了很多心里话，虽然没能回家，但是那天我一点都不孤独。

女妖精：那你呢？你对他们怎样？

王建国【低下头说】：我，我……

女妖精：前几天的篮球赛，是不是你们四个一起参加的？别的学院的人嘲讽小 C 打得不好，是不是你和小 A 联起手来让对方说不出话？

女妖精：所以你心里也是有他们的嘛。你看看，你们对彼此来说这么重要，你还说他们不会来救你？得了吧，我就等着吃唐僧肉咯！【大笑着走下舞台】

王建国【面向观众】：其实他们对我挺好的，而且我也的确需要他们。大学四年，没有他们的陪伴，我该是多么孤独和无助啊。是我太挑剔，是我太自我，不懂得考虑别人的感受。【大声喊出】小 A，小 B，小 C，对不起！我想你们了！

【室友 A、室友 B、室友 C 跑上舞台】

室友 B：徒儿！你没事儿吧！

王建国：小 B，你们怎么来了！

室友 B：你叫我啥？没大没小，要叫我女王大人，呸，叫我师父！

女妖精【走上舞台】：小的们！

小妖 X、小妖 Y【跑上舞台】：是的大王！

女妖精：给我一锅端了！

小妖 X、小妖 Y：好的大王！

【室友 A 打倒小妖 X 和小妖 Y】

室友 A：哼，这种小妖，再来八个，我也不怕。

女妖精：哦？是吗？来人啊！

【八个小妖跑上舞台并一拥而上】

室友 C：妈…… 妈呀…… 真…… 真来了八个啊！

室友 A：怕什么！八个怎么了……【看了看对面，咽了咽口水】哇呀呀呀！【冲上前去】

众小妖：啊啊啊！

室友 A：我的天，快跑！【四人跑下舞台】

女妖精：给我追！【跑下舞台，舞台灯光熄灭】

❧ 第 四 幕 ❧

【舞台灯光亮起；宿舍场景；起床闹铃响起，室友 A 换完服装跑上舞台】

室友 A：早上第一节是高数课，快起床快起床！占座啊！

【其余三人换完服装后跑上舞台】

王建国：等等，值日还没做，你们先走吧，我打扫完就过去。

【三人折返回来】

室友 A、室友 B 和室友 C：我们帮你吧，四个人一起，打扫的更快！

王建国：你们……

室友 A、室友 B 和室友 C：我们不只是同学，更是兄弟嘛！

【背景音乐《红日》响起，所有人员上台跳舞】

【谢幕】

第四集　友情很暖心

【主创人员】

庞巧月、吴蓉、吴远超、于智慧、张武迅、邹焱

【剧情简介】

在人生的旅途中，我们会邂逅很多人，有些人与我们擦肩而过，从此便不再有交集；有些人与我们短暂相处，彼此共度一段时光；而有些人与我们并肩而行，共同见证潮起潮落。正是因为朋友的存在，才让我们的生活更暖心！

【出场人物】

阿木：因家庭变故而陷入痛苦的大学生

室友：小涛、阿瑞和阿奇

其他人物：父亲、母亲、女友、小雨、小静

【心理剧本】

❧ 第 一 幕 ❧

【宿舍场景；小涛拿着吉他摆着造型，阿瑞对着镜子做着鬼脸，阿奇低着头翻看杂志】

旁白：三个人还像平时一样，各自做着自己的事情。

小涛：奇哥，看我这个动作怎么样？这个呢？那这个呢？【拿着吉他变换各种姿势】

阿奇：你是不是疯了啊？

小涛：去去去，你懂什么？这叫艺术！

阿奇：好好好，我一边待着去，我可不懂艺术。

阿瑞：奇哥，你看我这造型怎么样？这个呢？那这个呢？【拿着镜子变换各种姿势】

阿奇：哦呦呦，你太美啦！好喜欢你哦！【做呕吐状】

【阿木推门而进】

阿木：吵死了，你们能不能安静点儿！

小涛：老木，看我这个动作怎么样？这个呢？那这个呢？【拿着吉他变换各种姿势】

阿木：闭嘴！

小涛：不能好好说话啊！

阿瑞：哎！木哥，你看我这造型怎么样？这个呢？那这个呢？【拿着镜子变换各种姿势】

阿木【踢开椅子】：你们赶紧在我眼前消失！

阿瑞：装什么啊！

阿木【走向阿瑞】：你说谁呢？

阿瑞：说你呢！就说你呢！

阿奇【拉住阿木】：算了算了，都别说了。

阿木【推开阿奇】：你们都给我走，不要在这烦我！

阿瑞：走？你怎么不走？

阿木：好，走，我走！【摔门离去】

【小涛、阿瑞和阿奇走下舞台】

第二幕

【校园场景；阿木走在校园的路上，小雨和小静迎面走来】

旁白：六月已经开始闷热不堪，阿木此时的心情很烦躁，独自走在寂静的小路上。

小雨：那不是阿木吗？阿木！【小雨和小静走向阿木】

小静：阿木，叫你呢！哎，你怎么了？

阿木：你们都走开，不要来烦我！

小雨：阿木，你这是怎么了？

阿木：你们怎么这么烦啊！

【小雨和小静吓得后退两步】

小静：哼！为什么朝我们发脾气？耍什么小孩子脾气啊！哎，下雨了！小雨，我们走，别理这种人！

小雨：小静，你先回去，我有事和他说。

【小静走下舞台，阿木抱头坐下】

小雨【走向阿木】：阿木，下雨了，快回去吧！

阿木：不用你来可怜我。

小雨：阿木，有什么事就说出来，说出来会好受一些的。

阿木：有事？我能有什么事？就算有事，你能管得了吗？

小雨：我们可以一起想办法啊！

阿木：你怎么还不走？我让你走啊！

小雨：我不走！

阿木【站起身来】：好！你不走是吧？那我走行不行！

小雨：阿木，你到底怎么了？你为什么变成现在这个样子，那个自信阳光的你去哪里了？【小雨走下舞台】

阿木【抱头坐下】：全世界就我一人是多余的！爸妈离婚不要我，室友们也不理解我，我好难过啊！

【小静返回舞台找小雨，听到阿木的话后赶忙躲了起来】

旁白：阿木痛苦地大哭起来。

❧ 第 三 幕 ❧

【家庭场景；母亲坐在桌前，父亲站在桌旁】

父亲：累死了！怎么连口热饭都没有！

母亲：烦死了！今天打麻将又输钱了！

父亲：你又去要钱了？这都成什么样了！

母亲：你天天不着家？心里还有这个家嘛！

父亲：你说！我一天到晚跑东跑西为了谁？

母亲：你在外面做了什么你自己心里清楚！

父亲：我真受够你了！

母亲：我要和你离婚！

父亲：什么？离婚？好啊，离婚！

母亲：孩子归你养！

父亲：凭啥是我养？

母亲：孩子跟你姓，你不养谁养？

父亲：你不养我也不养！

【母亲和父亲从两侧走下舞台】

旁白：躲在一旁的小静明白了阿木的苦衷，于是赶紧给阿奇他们打电话商量。大家知道了事情的来龙去脉，开始一起想办法来帮助阿木。

❦ 第四幕 ❦

【宿舍场景；阿木踉跄地走向宿舍，小涛、阿瑞和阿奇正在讨论】

旁白：阿木独自伤心了好久后，迈着沉重的步伐走回宿舍，此时的小涛、阿瑞和阿奇决定通过友情让阿木振作起来！

【阿木推门进来】

小涛：阿木，你淋雨了啊。

阿奇：阿木，我们知道你的苦衷了。

阿瑞：阿木，我们真的不愿意看你这样消沉下去。

阿奇：对啊，无论如何，自己都不能放弃自己！

阿木：你们不懂，你们真的不懂【哽咽起来】

阿奇【拍拍阿木肩膀】：兄弟，有困难我们一起扛！

小涛：兄弟，你不会忘了当初哥几个来时的约定了吧。

阿木：那你们说，我该怎么办？我被父母抛弃了！从此我没有家了！

阿瑞：兄弟，你难道不打算认我们哥几个了吗？

阿奇：我们哥几个也是你的家人啊！

阿木【抱头痛哭】：我以后该怎么办？

小涛：我们是一家人，我们是你的亲人，有什么我们哥几个一起扛！

阿木【抱住小涛、阿瑞和阿奇】：我想有个家！

【阿木手机铃声响起】

阿木：喂……

小雨：阿木，是我。

阿木：小雨，对不起，我……

小雨：阿木，我其实一直喜欢那个自信阳光的你！不管什么事情，我愿意陪着你。阿木，振作起来！

阿木：小雨，谢谢你！

小涛、阿瑞、阿奇和小雨：我们都在你身边，我们都会陪着你！

阿木【面向观众】：谢谢你们，我的朋友！是你们让我重新燃起了希望！

【所在人走向舞台】

旁白：阿木在朋友的帮助下振作起来，阿木的父母后来也破镜重圆，生活正在向好的方向前进。

【谢幕】

第五集　陪你淋雨

【主创人员】

何至鑫、江玮、陆丽冰、王鼎、王志东、徐文倩、杨钰宁、张济淙、周芮茜

【剧情简介】

　　外表阴郁、内心孤独的女孩浑身长满了"刺"，她渴望获得温暖，却拒绝所有人的好意。在室友的陪伴和帮助下，女孩逐渐敞开心扉，走出痛苦的泥潭，谱写了她大学时代最宝贵的回忆。

【出场人物】

乐乐：内心孤独并渴望自我救赎的女大学生

李萌、黄欣、周茗：真诚陪伴并帮助乐乐走出痛苦的室友

其他人物：老师、男生A、女生A、乐乐的男友、记者

【心理剧本】

❧ 第一幕 ❧

【发布会场景】

旁白：这是2028年青年作家座谈会的现场。

记者：潘女士，您现在已经是当代中国家喻户晓的青年作家了，您的治愈系作品《陪你淋雨》更是成为了当今最热销的小说之一，给很多深处焦虑泥潭的年轻人以温暖和希望。人们总说您是90后作家中成功的代表，那究竟是什么支撑您一路走向成功的呢？

乐乐【扶了扶眼镜并笑着说】：其实我并不赞同外界的观点，我只是一个普通的作家。《陪你淋雨》说是治愈系小说，但其实写的是我大学时代的故事，写的是在我最艰难蹉跎的岁月里陪我一起淋过雨的那些好友们。回答这个问题，恐怕需要从十年前讲起……

【舞台灯光熄灭】

❧ 第二幕 ❧

【舞台灯光亮起】

旁白：这是十年前。【抑郁式背景音乐响起】

乐乐【缓缓走上舞台】：我叫乐乐，但其实我一点都不快乐。在所有人的眼里，我阴郁、暴躁、多动、无理、软弱。我恐惧社交，我抑郁，我焦虑，爸妈始终认为我是任

性，没人觉得我可能病了，他们只是觉得我想太多。

旁白：一切都是一如既往，升学、社交、吃饭、睡觉，人们不会关心你到底是谁，更不会关心你到底怎么了。很可笑吧，为了所谓的"平衡"，人们会选择戴着面具活着。而乐乐的大学生活才刚开始，她不渴望友情，也从不奢望自己能摆脱泥潭。

【乐乐低头站在舞台中央，把一只撕成两半的兔子娃娃重重摔在地上，然后扶正了自己头上的恶魔角和背后的黑翅膀】

【背景音乐停止，舞台灯光熄灭又亮起】

老师【手抱资料走上舞台】：同学，你的情况我们大致了解了，有什么问题都可以来寻求我们的帮助，也祝你的大学生活丰富多彩！【拍了拍乐乐的肩膀】

乐乐：哦。

【舞台灯光熄灭】

❧ 第 三 幕 ❧

【舞台灯光亮起；宿舍场景】

旁白：大家好，我是你们的辅导员，希望宿舍里的同学们能友好相处，互相尊重、互相关心。

【背景音乐：开门声响起，然后是重重的关门声】

【乐乐抱着《百年孤独》坐在宿舍椅子上低头看，室友李萌、黄欣和周茗三人互相使了眼色】

李萌【站起身笑着走到乐乐身边】：乐乐，听说你喜欢看电影。最近有一部好看的电影上映啦，还是奥斯卡提名电影呢！我们一起去看好不好？

乐乐【一直低头看着手中的书】：没兴趣，你约别人吧。

李萌：你不要这么冷漠嘛。【失落地回到位置上】

黄欣【扶着眼镜并抱书走来】：乐乐，看你经常看书，我给你推荐一本书啊。这本《天才在左，疯子在右》特别有趣，你看……

乐乐【微微抬头并不耐烦地说】：看过了，没兴趣。【黄欣默默地走开】

周茗【站起身走到乐乐身边，拍了拍乐乐的肩膀说】：喂，乐乐，一天到晚光看书多无聊啊，咱们一起吃饭去吧？【顺手把书抢了过来】

乐乐【站起来瞪着周茗，冷漠地说】：关你屁事，不用你管。

周茗【把书放回乐乐手里，举起双手，轻蔑地说】：好，我不管。

旁白：乐乐不相信所谓的友谊，她眼中室友所谓的关心与询问不过只是同情罢了，她不屑这种假惺惺的好意，她觉得这只是虚伪之人的装腔作势。

【舞台灯光熄灭】

第 四 幕

【舞台灯光亮起；教室场景】

周茗【快步走到乐乐面前】：嘿，难得大家今天一起下课，你可不能再丢下我们自己去吃饭了，多不够意思呀？

李萌、黄欣【快步凑上来挽住乐乐的手臂】：对呀对呀，乐乐，今天我们一起聚餐吧！

【四人一起走在楼道里，乐乐一直低着头玩手机，另外三人笑着谈论去哪里聚餐】

男生 A【抱着篮球从对面走来】：你听说没，隔壁班那个乐乐好像有抑郁症！你说会不会发病了就打人啊！哈哈！

女生 A：真的假的？你小点声吧！我倒是觉得她怪可怜的。

【李萌、黄欣和周茗同时看向了乐乐，乐乐停住脚步，将头埋得非常低】

周茗【生气地冲到男生前面】：你胡说什么！我看你才有病！

【李萌、黄欣把手搭在乐乐的肩膀上】

李萌：乐乐，别听他胡说。

黄欣：别往心里去，他太过分了！

男生【看了一眼乐乐对女生 A 说】：快走快走，那人在后面。【两人快步离开】

乐乐【低着头小声说】：没事，我习惯了。谢谢你们。

【舞台灯光熄灭又亮起，乐乐一人站在舞台中央，把背后黑色的翅膀摘下来放在了地上】

旁白：在乐乐的世界里，除了那个待她如阳光般的男友，没人愿意维护她。她开始怀疑一味地自我封闭与怀疑他人是不是因为自己过于阴暗，是不是需要开始慢慢改变自己了。

【舞台灯光熄灭】

第五幕

【舞台灯光亮起；闪电雷鸣声响起；乐乐撑伞走上舞台，手机铃声响起】

男朋友：乐乐，你觉得这样下去有意思吗？我受够你了，咱们分手吧。

【乐乐没来得及反应，对方已经挂断了电话】

乐乐：对不起……【手机从她手中滑落，伞也掉在了地上】

【乐乐淋雨走了很长一段路，在角落蹲下抱头哭了起来】

乐乐：一切来得好突然。他是那么阳光，那么乐观，他对我是那样体贴，那样温柔，可是，他为什么突然就离我而去了呢？你们谁能告诉我这是为什么？我好累，我好累，我真的好累。

旁白：在这一刻，乐乐觉得自己像极了《百年孤独》里的奥雷里亚诺，"不过是个无力去爱的人"，痛苦与孤独感说来就来，她是多么渴望有人能伸手拉她一把。

【李萌、黄欣和周茗撑着伞急匆匆跑向乐乐】

李萌、黄欣、周茗：乐乐！乐乐！

李萌【蹲下抱住乐乐】：小傻瓜，我们找了你大半个学校呢！你可真的要吓死我们了！

乐乐：我和他分手了，没有人会再对我好了。我想一个人淋淋雨，我什么都不想要了。

周茗：我们都觉得你特别可爱，特别有个性，我们都很喜欢你。如果淋雨能让你舒服些，那我们就一起陪你淋雨！大不了咱们一起去趟医院！

【周茗、黄欣把伞收起来扔在地上】

乐乐【把头上的恶魔角摘下来】：谢谢你们，谢谢，谢谢。

【四个人并排坐着大笑起来】

黄欣：哎，你们知道吗，男人都是大猪蹄子！

李萌：你们绝对想不到，刚上大学那会儿，我总是一个人偷偷地哭。其实我特别胆小，不敢主动和别人说话，你们是我在大学里认识的最好的朋友！

周茗：你们别看我大大咧咧的，那都是因为和男孩子玩惯了。我这人吧，可能是太优秀了遭嫉妒，从小就不受女孩子待见。上大学后，有你们接纳我还挺好的，不然我准变淑女。

【四个人大笑起来】

黄欣：我爸以前对我可严格了，有一次高三模拟考成绩掉到年级二十名，我一边哭一边写了四千字的检讨。我的天，高三那年压力可大了，每天晚上都会失眠。现在想想，那时候真的太痛苦了。

男生 A【抱着篮球走上舞台，脚上缠着白纱带】：其实，我们都明白，人人都有痛苦与烦恼的时候。

女生 A【搀扶着男生 A，一起慢慢走着】：但陪伴是真，我愿同你一起度过所有美好与痛苦。

老师【走上舞台】：往前看，不要流泪。回过头，我们一直在。

舞台上所有人：愿你别皱眉，因你最珍贵。【男生 A、女生 A 和老师离开舞台】

乐乐：我一下子不知道说什么好，现在想来大家都各有各的烦恼和不为人知的故事。我现在只想说：感谢你们一直在！

【舞台灯光熄灭】

❧ 第六幕 ❧

【舞台灯光亮起；发布会背景】

旁白：让我们再次回到座谈会现场。

乐乐：谢谢她们！感谢她们的理解！感谢她们的陪伴！陪伴真是人生永恒的话题，家人、朋友、恋人的陪伴是我走到现在的重要原因。那年夏季的雨突如其来，那天的雨下得很大，我们每个人的心里却都是暖暖的，那天我们聊了很多很多很多。我这才明白，这个世界上也许并不存在完全幸运的人，生活的意义就是拯救不开心，曾经陪我淋雨的她们就像上天派来拯救我不开心的天使。直到现在，我们依然是很好的朋友，我想我们会互相陪伴一直走下去。我忘不了那天雨后的彩虹，太阳的光照在我们身上，我们每个人的心里都在说……

所有人【走上舞台并齐声说】：别怕，我们一直陪着你！

【谢幕】

第六集 梦的颜色

【主创人员】

陈美科、郭云、覃柳燕、曲玉兰、吴秋菊、武越、许芷瑜、杨雅茹、赵亭、张文成、郑心如、周翟倩

【剧情简介】

性格有些孤僻的心如很想与室友们打成一片，但却一直格格不入。面对性格迥异的四位室友，心如不知道如何与她们融洽相处。心如的委屈被舍管阿姨发现了，在

阿姨的安慰与鼓励之下，心如开始尝试做出一些改变……

【出场人物】

心如：无法融入宿舍生活的女大学生

浪浪：宿舍里最爱玩的人

燥燥：学生会文艺部部长

小艺：文艺小清新的姑娘

阿柔：唱歌好听的软妹子

其他人物：舍管阿姨、干事甲和干事乙

【心理剧本】

❧ 第一幕 ❧

旁白：你梦想的大学是什么颜色？现在，你的生活又被染成了什么颜色呢？

【宿舍场景；宿舍五人坐在各自的位置上】

燥燥：浪浪，十佳歌手比赛就要开始了，我看好你哟！

浪浪：哼，本小姐出马还能拿不上名次？笑话！先把你自己的事情做好吧，做你的干事也真倒霉。

阿柔：哎哎哎，你们会不会昨天老师上课讲的那道题啊？要交作业了，我还没写呢，怎么办啊……

小艺：啊？！我也没写呢，心……算了，不问她了。谁写了？给我看一下。【转身看了一眼心如】

浪浪、燥燥【异口同声】：你觉得可能吗？

燥燥：去问问隔壁宿舍的吧，别麻烦我们宿舍的大忙人了！【转身看了一眼心如】

【心如一直戴着耳机假装听音乐】

心如【面向观众】：是否大学四年生活注定孤单？

小艺：哎，先别想着作业啦，昨天不是说好和浪浪一起练歌吗？现在走吧！

燥燥：不行不行，我还要做准备工作，就差一点了。

【浪浪走在前面，小艺和阿柔跟在后面】

小艺【边拉着阿柔边向浪浪喊】：你走慢一点！

阿柔【看向浪浪并面向观众】：真羡慕她，什么都会，什么活动都参加，我还是默默地做一个观众吧。

【浪浪、小艺和阿柔走下舞台，两位干事走上舞台，敲宿舍门】

干事：部长，找我们什么事？

燥燥【指着电脑生气地说】：看看！这是怎么回事？

干事甲：这不是还有好几天吗？

燥燥：好几天？非等到人家落座了，你才通知嘉宾要到是不是？【干事甲低下头】

燥燥：还有你，听不懂人话吗？

干事乙：我？我正在做宣传啊！

燥燥：宣传海报和微信推送到现在你还没做好？

干事乙：差不多了，快好了啊，还有几天，来得及的。

燥燥：那你要几天做完？要等开幕了你才能做好吗？【干事乙低下头】

燥燥：这些事你们都不用做了。

【两位干事互相瞥嘴】

燥燥：来，看看，什么是该有的做事态度。天天磨蹭，什么事都要我帮着做。

干事甲【小声地说】：谁要你帮了？

干事乙【小声地说】：就是。

燥燥：你们说什么？

【两位干事走下舞台，燥燥委屈地哭起来，心如此时推门走进来】

心如【犹豫地走向燥燥】：呃……燥燥，你别难过。

燥燥：谁难过了？你哪只眼睛看到我难过了？

心如：我……那你别伤心了

燥燥：你才伤心呢，你是不是心里特别爽？哼！【推开心如】

【燥燥走下舞台，心如跌倒在地，抱腿哭出声来】

❧ 第二幕 ❧

旁白:舍管阿姨来检查卫生了。

阿姨:哎呀,心如啊,怎么坐地上呢?

心如【擦眼泪并站起来】:我……我……没有。阿姨下午好。

阿姨:怎么?是遇到事情了吗?

心如:没有。

阿姨:那是想家了吗?

心如【点了点头】:嗯,我好想家!

阿姨:孩子啊,室友也是你的亲人。

心如:阿姨,你不懂的。

阿姨【拍了拍心如的肩膀】:阿姨心里跟明镜儿似的!是和室友处得不好吗?

心如:嗯。

阿姨:有的时候是需要主动付出的。

心如【摇了摇头】:我刚刚想走近室友,但被拒绝了。

阿姨:原来是这样啊。

心如:我……那我该怎么办啊?

阿姨:你已经走出第一步了,慢慢融入这个小家庭,想想自己能为她们做点什么。

心如【若有所思】:嗯,谢谢阿姨。

阿姨:嗯,试一试,慢慢来。【阿姨走下舞台】

旁白:生活是一条孤独的河流,匆匆流淌。我到底该怎样走近你,我的朋友?

❧ 第三幕 ❧

【校园场景;干事甲、干事乙边走上舞台边议论部长,心如慢慢走向两位干事】

心如【边搓手边给自己打气】：嗯！我可以的！

心如：哈喽，你们好，我是燥燥的室友。今天你们有点不愉快，是吗？

干事甲：怎么了？抱不平？

心如：抱歉，我知道这样来找你们很冒昧。但是，你们可能不知道，燥燥一直是个作息规律的人。

干事乙：哟，那就是怪我们咯？

心如【连忙摆手】：不不不，我不是这个意思。我想表达的是，燥燥为了准备这个比赛，最近经常熬夜，难免心情不好。你们也知道她是一个急性子，她做得不对的地方还请你们能够包容一些。

【干事们相互对视】

心如：她就是刀子嘴豆腐心，你们千万不要介意。那我先走了，谢谢你们。

【心如转身离开，干事们走下舞台】

旁白：如果生活是一条孤独的河流，我很高兴遇见你们。嗨，我的摆渡人。

❧ 第四幕 ❧

【宿舍场景；浪浪、阿柔和小艺坐在各自位置上】

心如：你们……你们要去给浪浪加油吗？我……我可以和你们一起吗？

阿柔：哦。嗯？啊呀！

心如：我想和你们一起去给浪浪加油。

小艺：我的天啊，我还以为你是个只会学习的奇葩呢……

阿柔【连忙上前捂住小艺的嘴】：好呀好呀，我们一起去吧！

小艺【推开阿柔的手】：你也喜欢看这种比赛？

心如：嗯，对啊，全是帅哥美女，还有才艺展示，多好看啊。

阿柔：没想到你也是花痴啊！

【大家一起笑起来，阿柔小声哼起歌】

小艺：哎，你唱歌好好听啊，为什么不参加歌手比赛？

阿柔【连忙摆手】：我……我……我不行的。

小艺：谁说你不行。

心如：是啊，唱得挺好的。

小艺：浪浪，你说呢？

浪浪：哦？她上得了台面，成得了气候吗？

【阿柔低下头绞着手指】

小艺：你怎么这样说话？她好不容易有点儿勇气。

浪浪：我怎么了？我实话实说，她敢上台吗？

心如：别这样说嘛。

浪浪：我这是实话实说，帮助她认识自己并成长。

小艺【拉住阿柔】：别理她这个傲慢狂。走，咱们出去散步去。【两人走下舞台】

心如：这话可能会伤到阿柔。

浪浪：我就是想刺激她一下。

心如：刺激？

浪浪：嗯，她对自己太没有信心了。

心如：可是……

浪浪：别人看不起我，只会让我更有动力。

心如：人和人是不同的！

浪浪：老师不是说过压力是动力吗？

心如：可她本来就不自信……

浪浪：好吧好吧，那我该怎么办？

心如：我们一起去安慰她吧。

❧ 第五幕 ❧

【校园场景；小艺、阿柔走在宿舍楼前的小路上】

小艺：阿柔，你别往心里去，她这个人说话就这样！

阿柔：没事，她说得对。我确实没勇气，根本不敢上舞台。

小艺：你太不自信了，你唱得多好啊！

阿柔：不不不，我不行的。她什么都会，到哪里都是焦点，想做什么就能做什么。和她一比，我就是一只丑小鸭。

【浪浪、心如跑步追上阿柔、小艺】

浪浪：终于赶上你们了。【揽住阿柔的胳膊】现在二十岁了，该变天鹅了哟。阿柔，刚刚是我不对。我确实需要改改了，你们以后都监督我。对了，小天鹅，你敢不敢跟我一起上台？

小艺：上啊！肯定上啊！

心如：嗯，支持你们！

阿柔【低头小声说】：这……这……我不行的。

小艺：有什么好怕的，我们都在！

浪浪、心如：嗯，我们都在！

阿柔：那……那我试试？

【小艺、心如和浪浪一起鼓掌】

浪浪：就这么定了！我去找燥燥报名！【四人有说有笑地走下舞台】

旁白：多彩的青春需要一点点勇气。让我们张开翅膀，一起拥抱梦想吧！

❧ 第 六 幕 ❧

【社团场景；燥燥埋头做事，干事甲、乙一起走向燥燥】

干事甲：部长，我们这边的工作都做好了。

燥燥：哦。

干事乙：之前，那个……

燥燥：有事快说。

干事甲：我们……

燥燥：你们到底想说什么？

干事乙：我们的确不对，我们向你道歉。

燥燥：哦……没事，我也有错。大家都会犯错的，我不该那样凶你们。

干事甲：不是的。

干事乙：你做了很多工作。

燥燥：大家都付出了，以后我们互相帮助，一起把工作做好吧。

干事甲、干事乙：嗯，一起加油！

【三人一起笑起来，浪浪跑向燥燥】

浪浪：燥燥，快快……也不知道来不来得及……我和你商量个事，能不能把我的节目由独唱改成组合？

燥燥：来得及，改成大合唱都行！

浪浪：那我们大家全上吧！

燥燥：所有人？

浪浪：对！就这样定了！大家快来啊！

【所有人走上舞台合唱《仰望星空》】

旁白：在人生的画板上，我们的青春年华是最靓丽的底色，它不该阴暗，也不该单调，而是应该绘出青春明媚的色彩。一层蜕变，一次成长，在蓦然回首的痛处里，亭亭的是你我的年华。

【谢幕】

第三篇 寻情觅爱

　　"爱情"是大学校园里经常被提到的词汇，还有人说："没谈过恋爱的大学是不完整的"，这都表达了我们对美好爱情的真实渴望。那么，如何获得美好的爱情？如何建立、发展健康的爱情关系？爱是一种能力，也是一门艺术。爱情的成功与失败，除了许多外在的原因之外，自身的爱情心理是否健全也是十分重要的影响因素。所以，在等待爱情、追求爱情、体验爱情或失去爱情的时候，我们需要努力培养自己爱的能力，以使自己不会错过那个所爱之人。

第一集　青春的脚步

【主创人员】

陈保玲、贺慧敏、姜镣、李碧瑶、刘雨霏、卢会敏、齐翔宇、唐文露、汪凤娇、魏晓晨、吴鸿、杨凯、应秀儿、张安琪、庄园

【剧情简介】

担任校报记者的琦诺接到采访任务，要对大一新生的恋爱观进行调查。在采访过程中，琦诺联想到了自己过去的被表白经历，曾经遇到过的人依次出现在自己的眼前。那么，爱情该是什么样子呢？

【出场人物】

琦诺：担任校报记者的大二学生

男主角：运动型男

男一号：超级学霸

男二号：文艺青年

男三号：模范男友

其他人物：小菲、摄影师、女生甲、女生乙、女生丙

【心理剧本】

ꞈ 第 一 幕 ꞈ

【校园场景；琦诺和摄影师走上舞台】

旁白：九月，迎新季。校报记者琦诺接到采访任务，要对大一新生的恋爱观进行调查。

【摄影师将摄像头对准琦诺】

琦诺【手拿话筒】：各位观众，我是琦诺！现在我们在这里为您……

摄影师：Cut，cut，cut！

琦诺：Cut 什么呀？我这正准备激情洋溢、活力四射的开场白呢，你……

摄影师【拿出眼镜递给琦诺】：呃，戴眼镜，眼镜……

琦诺：啊，忘了，忘了！

【学生甲和学生乙走上舞台】

琦诺：同学，请等一下，我是校报记者，我们想做个调查。请问你们对大学生谈恋爱是怎么看的？

学生甲：这个……必须的！

琦诺：那这位同学呢？

学生丁：大学恋爱嘛，让我想到了两个人在夕阳下牵手，多么浪漫呀！

【学生丙和学生丁走上舞台，学生甲和学生乙走下舞台】

琦诺：同学，你们好！我是校报记者，请问你们觉得大学生活需要恋爱吗？

学生丙：哈哈，我正在热恋中呢，你说需不需要呢？

琦诺：那么，这位同学呢？

学生丁：我是单身狗。

琦诺：那你有想过在大学里谈一场恋爱吗？

学生丁：入学前就有小哥哥、小姐姐们传授他们的恋爱经验了。所以，如果缘分真的到来的话，我想我会投入爱情中吧。

琦诺：你们想知道当年的我是怎么在爱情里摸爬滚打的吗？而现在……

【摄影师、学生丙和丁走下舞台】

❧ 第 二 幕 ❧

【教室场景；琦诺坐在桌前看书】

小菲【走上舞台并唱歌】：十个男人，七个傻，八个呆，九个乖，还有一个人人爱。【琦诺走上舞台并合唱】姐妹们，跳出来，就算甜言蜜语把他骗过来，好好爱，别再让他离开。

小菲：琦诺，我们去做头发吧！

琦诺：快期中考试了，我想多看看书。

小菲：好吧，那我走了。你看书吧，拜拜！【走下舞台】

旁白：琦诺正在认真地看书。这时，我们的男一号，年级头号学霸，一直被仰望，从未被超越。

男一号【手拿薯条】：昨晚排练了一个晚上，今天表白一定能成功！不能再口吃了，关键时刻可不能掉链子啊！

【男一号走到琦诺面前并将薯条递过去】

男一号：琦诺，我……喜……欢……你……

琦诺【面向观众】：还有表白送薯条的，这也太奇葩了吧？

琦诺【面向男一号】：抱歉，谢谢你的好意，但吃油炸食品会长胖的。

【男一号低下头走到舞台一边】

旁白：看来这位学霸没能获得琦诺的芳心。接下来，有请男二号，一枚文艺青年。

男二号【走上舞台并唱歌】：树上的鸟儿成双对，绿水青山带笑颜……

琦诺【合唱起来】：随手摘下花一朵。

男二号【走到琦诺面前】：我与娘子戴发间。【单膝跪地】琦诺，那日见你，就注定心中多了一份牵挂。你那柔美的眼神、秀美的长发、俊美的笑脸、甜美的声音，无不使我沉醉。啊，琦诺，请接受我爱的表白吧！【从身后拿出玫瑰花】

琦诺【面向观众】：浪漫归浪漫，可怎么感觉怪怪的？

琦诺【面向男二号】：Sorry，you are not my style.

【男二号低下头走到舞台一边】

旁白：文艺青年也没有获得琦诺的芳心。那么，俗称中华小当家的男三号会如何呢？

【背景音乐《Nobody》响起，男三号跳舞走上舞台】

男三号：琦诺，诺诺！人是铁，饭是钢，一顿不吃饿得慌。民以食为天，今天不吃饭，明天要吃药。多吃蔬菜，补充维生素，选我更健康……

琦诺【急忙打断】：抱歉，我不能接受。

男三号：唉，怎么会这样？

【男三号低下头走到舞台一边】

旁白：模范男友式的男生也失败了。那么，来自校篮球队的运动型男又会如何呢？

【男主角摆着不同的酷帅动作走上舞台，琦诺被迷住了，连手里的书都掉到了地上】

男主角【走到琦诺面前并捡起书】：琦诺，这是你的书，做我女朋友好吗？

琦诺：嗯……我考虑一下。

男主角：别考虑了，我喜欢你！【牵起琦诺的手走下舞台】

【舞台一边的三个男生面露伤心的表情】

男一号：我有一颗上进的心啊……为什么？

男二号：至少我有丰富的内在……为什么？

男三号：我的柔情你永远不懂……为什么？

【男一号、男二号和男三号走下舞台】

❧ 第三幕 ❧

【校园场景；琦诺和男主角走上舞台】

琦诺：亲爱的，我正准备去图书馆呢！

男主角：别呀，《泰坦尼克号》3D版今天上映了！走，带你看电影去。

琦诺：可是，可是……我们先去看会书怎么样？

男主角：看什么书呀，电影快开始了！别磨蹭了，走吧走吧。【牵起琦诺的手走下舞台】

❧ 第四幕 ❧

【校园场景】

旁白：琦诺和男主角就这样过着只求现在快乐，不求天长地久的生活。可是好景不长，期末成绩出来了。

【琦诺手拿手机，身上挂着"倒数第二"的牌子走上舞台】

琦诺：喂，妈。

母亲：诺诺，最近生活怎么样呀？

琦诺：嗯，还好吧。

母亲：你好久没给家里打电话了，我和你爸都挺想你的。

琦诺：我也想你们。

母亲：最近天气多变，要吃好喝好穿好。对了，也别忘了功课。

琦诺：妈……我……

母亲：怎么了？

琦诺：没事没事，同学来找我了，我先挂了。

【男主角身上挂着"倒数第一"的牌子走上舞台】

男主角：琦诺，我考了我们班倒数第一。我心情不好，咱们一起去K歌吧？

琦诺：K歌？都什么时候了还K歌？都是因为你，我才考了我们班倒数第二！

男主角：你这什么态度啊，凭什么都怪我啊？

琦诺：不怪你怪谁？电影、游戏、逛街、吃喝……

男主角：我非要你去了吗？K歌，你到底去不去？

琦诺【转过身去】：不去。

男主角：你不去我找别人去！

❧ 第五幕 ❧

【校园场景】

旁白：几天后，在校园里，琦诺和男主角相遇了。

男主角：琦诺，最近你为什么不理我？

琦诺：我想了很久，终于想明白了。在爱情的道路上，我们不仅需要互相陪伴，也需要个人空间。我们需要自我修炼，然后在保持独立性的前提下相互融合。【用手势比划两个挨在一起的圆"∞"】你看，这是什么？

男主角：这是……有点像数学里无限、无穷大的符号吧？

琦诺：嗯，这样走到一起的我们才会长久和圆满！

男主角：哇，你好有才啊！【低下头说】琦诺，其实我想跟你说，那天我没去K歌，而是回宿舍想了很久，我意识到了自己的错误。【抬起头说】从今往后，我希望我们手拉手的身影，不仅出现在校园的林荫小道上，也出现在图书馆和自习室里。【拉住琦诺】琦诺，你愿意吗？

琦诺：那你说，我们现在是去轧马路，还是去补习功课啊？

男主角：那还用说？当然是去学习了！【牵起琦诺的手走下舞台】

❧ 第六幕 ❧

【校园场景；琦诺和摄影师走上舞台】

摄影师：琦诺，琦诺，该采访了！

琦诺：啊，我刚刚讲到哪里了呀？哦，对对对……

男一号【走上舞台并走向琦诺】：嘿，琦诺，还记得我吗？自从表白失败后，我努力锻炼自己，现在在女孩面前说话不那么结巴了，而且……【挠了下头】我现在有女朋友了。我们确立了共同的目标，那就是继续深造！【向舞台一边的女生甲挥手】好了，我要和女朋友一起看书去了。再见！【男一号与女生甲走下舞台】

琦诺：共同的目标，真不错。加油，祝福你们！

男二号【走上舞台并走向琦诺】：嗨，琦诺，最近好吗？

琦诺：嗯，还不错！我们在做一个关于大学生恋爱的报道，你有没有什么想对学弟学妹们说的？

男二号：嘿嘿，大家好！作为一个过来人，我该说点什么呢？说起来，我曾经表白失败过，之后我便开始反思。从今以后，我要用一颗文艺的心，加上能够令人接受的方式去找到属于自己的爱情！【看向舞台一边的女生乙】其实，我现在也有喜欢的人了！我会努力的！

琦诺：加油！

男二号：再见！【男二号和女生乙走下舞台】

男三号【与女生丙并肩走上舞台并走向琦诺】：哎，是琦诺啊！

琦诺：嗨，好久不见！

男三号：是啊，好久不见！

琦诺：我们在进行有关校园爱情的采访，你能不能和学弟学妹们说点啥？

男三号：嗯，我想想看。其实，我曾经对爱情失去过希望，但现在已经找到那个她了！【看向身边的女生丙】我就借这次采访机会送学弟们一句话吧。一个男人，不仅要有温柔和体贴，还要有底气和魄力。好了，我要和女朋友吃饭去了，回聊了！【男三号和女生丙走下舞台】

琦诺：再见！

【琦诺面向观众】

琦诺：大学里的爱情，或多或少都存在着迷茫与盲目。在恋爱开始之前，我们需要成长自己，耐心等待；恋爱开始之后，我们需要彼此接纳，共同成长；就算恋爱失败了，也无需气馁，调整好自己，继续往前走。好了，本次报道结束，谢谢收看！

【谢幕】

第二集 遇见对的你

【主创人员】

蔡莹、贺陶音、胡舒曼、李灵嘉、刘佳薇、刘琦奥、潘芷倩、汝晨溪、宋昊、孙杭玉、王敏慧、许灵

【剧情简介】

在茫茫人海中，你会找到怎样的一个TA与之相爱？你对未来的另一半，会有怎

样的期许与标准？宋昊和郝嵩报名参加了大学生联谊节目《遇见对的你》，男生女生不同的恋爱观产生了激烈的碰撞……

【出场人物】

宋昊：认为恋爱就是开心就好的大二男生

郝嵩：认为恋人应该互相独立的大二男生

其他：主持人、女生A（女嘉宾）、女生B（女嘉宾）、女生C（女嘉宾）、女生D（女嘉宾）、女生E（女嘉宾）

【心理剧本】

⊰ 第一幕 ⊱

【主持人走上舞台并演唱《遇见》；女嘉宾们排成两队慢慢上场，每个人上场摆一个pose并站在舞台一侧】

主持人：大家好！欢迎大家收看由杭州电子科技大学会计学院冠名播出的《遇见对的你》大学生联谊节目。我们的口号是：遇见对的你，天天喝了蜜！大家都知道，咱们会计学院什么都不多，就是女生多。为了给我们的妹子提供更多的优质男生资源，这个节目就此诞生。话不多说，我们马上开始，请各位妹子擦亮你们的眼睛！接下来，就让我们迎接第一位帅哥——宋昊！

【背景音乐响起，主持人和女嘉宾一起鼓掌，宋昊走上舞台并向女嘉宾们招手】

主持人：我们先让男嘉宾简单介绍一下自己吧。

宋昊：大家好，我叫宋昊，是你们的大二学长。女朋友嘛，我肯定会对她特别好的。什么口红啊、包包啊，都是随便送送的啦，对我来说都是小菜一碟啦。

主持人：呃……还有什么要说的吗？比如兴趣爱好之类的？

宋昊：兴趣爱好的话……我这个人喜欢去看看外面的世界，所以我希望我可以找到一个志同道合的女生，同时还需要她漂亮大方，跟我的朋友们也能处得来。

【按键音效响起，女生A举手示意】

女生A：学长，虽然我现在不是大方漂亮型的女生，但我愿意把自己变成你喜欢

的那种类型。

女生 B：你真是天真，你以为你为了别人的标准做了改变，你就能收获所谓的爱情吗？

女生 A：你什么意思？

女生 B：我曾经为了变成他口中的那个她，完全失去自己而变成了另外一个人。每天把心思花在他身上，他做什么我都跟着，他说什么我都相信。后来，我的成绩一落千丈，失去了朋友，没了自己的生活，最后连他也离我而去。

女生 A：那是你的故事，我又不会和你一样。

女生 B：是，你说的对。我刚才的用词不太恰当，我就是想表达，一味地迎合别人的标准根本没有意义，还不如好好爱自己，然后遇到那个对的 TA。

女生 A：我尊重你的想法，但我也有自己的选择。爱情是用来享受的，快乐才是王道。

宋昊：哈哈哈，说的对，各取所需嘛！

女生 B：难道不需要考虑未来嘛？

宋昊：没听过那样一句话嘛——不在天长地久，只在乎曾经拥有。【面向观众】大学里的恋爱有多少会有未来呢？开心就好咯！

主持人：那就是说，两位牵手成功了吗？

女生 A、宋昊：当然！

【背景音乐《终于等到你》响起，宋昊和女生 A 牵手下台】

❧ 第 二 幕 ❧

主持人：大家好！欢迎回到由杭州电子科技大学会计学院冠名播出的大学生联谊节目《遇见对的你》。遇见对的你，天天喝了蜜。我们祝福刚才这对有情人。那么，下一位男生又会给我们带来什么样的精彩呢？掌声有请我们今天第二位男嘉宾上场！

【背景音乐响起，主持人和女嘉宾一起鼓掌，郝嵩上舞台并向女嘉宾们招手】

郝嵩：大家好，我叫郝嵩，也是一名大二学生。一直以来，我不负爸妈的期望，整日泡在图书馆里埋头学习，学院每年的一等奖学金拿到手软。平时除了学习，我没有什么其他的爱好，大家都喜欢叫我学霸，嘿嘿。

【女嘉宾们听到"学霸"，开始窃窃私语，唏嘘声响起】

主持人：原来是学霸级的人物！这么帅气的学霸，谈过的恋爱肯定不少吧。

郝嵩：没有，我就谈过一次。【叹一口气】前任讲真还是不错的，就是现在没有办法理解你们这些女孩子的想法。【面向观众】我跟你们说，分手的理由真的超奇葩，不就是有一天她发消息给我说："亲爱的我一天没吃饭了"，我就回了一句"666"，她就跟我分手了。【摊手并摇头】

【按键音效响起，女生C举手示意】

女生C：学长平时对女朋友怎么样？

郝嵩：就普通人谈恋爱那样呗，平时抽空吃个饭、看个电影啥的，还能咋样？

女生C：我要是你女朋友，也铁定会跟你分手。你会在情人节的时候发不带小数点儿的520红包吗？你能分清什么是姨妈红、智利色、吃小孩色吗？你会在她发消息后秒回不让她焦急等待吗？你会在她生病的时候立马冲到她寝室楼下给她送药吗？

【语气越来越激烈】

【女生C步步向前，郝嵩步步后退，全场沉默片刻】

郝嵩：这怎么可能做得到……

女生C：这样都做不到还想找女朋友呢，呵呵。看看别人家的男朋友，你就知道你为什么找不到女朋友了。

主持人：话不能说得这么绝对嘛……

郝嵩【生气地插话】：那你为你的男朋友做了什么吗？你会送他最喜欢的机械键盘吗？你会体谅他繁忙的学习和生活吗？你会二话不说在他生病的时候送药上门吗？

【郝嵩步步向前，女生C步步后退】

女生C：我……

郝嵩：自己做不到的事情还要求别人做到，我看你是得了公主病吧！

主持人：我们都不能随随便便就给别人定个标准，己所不欲，勿施于人嘛。

【按键音效响起，女生D举手示意】

女生 D：我想请问这位同学，听你的说法，关于恋爱，你是不是希望两人独立相处？

郝嵩：是的，我觉得谈恋爱虽然让两个人的关系亲密了一些，但是两个人还是独立的个体。男女朋友嘛，在我看来，只不过是可以在朋友的基础上更加亲密。

女生 D：那女生还找男朋友干嘛？男朋友是用来依靠的，是来给予温暖的。这样独立的恋爱，谈了跟没谈有什么区别？

【按键音效响起，女生 E 举手示意】

女生 E：我想，爱情是需要真心和用心的，谈恋爱不仅仅是吃吃饭、逛逛街、看看电影啥的。在恋爱中男生和女生都应该在保持各自人格完整的基础上相互接纳。我需要的是一个可以陪伴我走遍天涯海角的伴侣，而不是只考虑自己的大丈夫。

女生 D：你那么独立，还要男朋友干啥，自己一个人就能过了。谈恋爱本来就是要两个人腻在一起呀，腻腻歪歪的，天天粉红泡泡的那种，就像那【唱起《甜蜜蜜》】"甜蜜蜜，我们爱的甜蜜蜜……"。

女生 E：爱情是两个人的事，如果都只考虑自己，爱情也不会长远的。

主持人：哎呀哎呀，讨论得很激烈啊。那么，我们问问男嘉宾的想法吧。

郝嵩：其实，我也反思过，我只考虑自己了，没有注意彼此间的一些差异。女嘉宾 E 说的对，我是需要学学如何去爱人了。

女生 E：要怎样好好爱别人，我也需要学习。

郝嵩：我会努力变好的，你愿意成为我的女朋友吗？

女生 E：那我们一起加油吧。

主持人：哎呀哎呀，那就让我们庆祝第二对也牵手成功！

【背景音乐《终于等到你》响起，郝嵩和女生 E 牵手下台】

主持人：看来，我们的节目最后还是迎来了一个 happy ending，感谢大家收看由杭州电子科技大学会计学院冠名播出的《遇见对的你》大学生联谊节目。遇见对的你，天天喝了蜜！我们下次再见！

【谢幕】

第三集　爱恨情仇缘

【主创人员】

韩雨轩、李华舒、刘子腾、毛鑫伟、年志恒、秦天、谭九鼎、王丽雅、汪鑫虎、闫梦梦、颜志超

【剧情简介】

田恒进入大学以后，室友们陆续脱单，这让他急于获得一份感情。经历了一次次情感挫折，他能够明白真爱的含义吗？还是在追爱的困惑中越陷越深……

【出场人物】

田恒：在室友脱单的刺激下也希望获得一份爱情的大学男生

艾梦梦：与田恒从小一起长大、一起上学的发小

其他人物：韩温柔(学姐)、谭小生(同学)、李优秀(同学)、王可爱(学妹)、

服务员小汪(学妹男朋友)

【心理剧本】

ᢒ 第 一 幕 ᢒ

【田恒走上舞台，光线打在他身上，面向观众独白】

田恒：我叫田恒，身高一米八，体重不过百，单身二十载，没谈过恋爱。就在不久前，我室友大明，长得没我帅，脱单了；二黄，学习没我好，脱单了；三刘子，整天连袜子都不洗，居然也脱单了。每天晚上回到空荡荡的宿舍，我只有一个想法——我要找个女朋友！【抬头大声喊出】说起脱单，跟谁呢，艾梦梦？不可能，不可能。她那么暴躁彪悍，我怎么可能喜欢她。话说有个学姐对我挺温柔的，我要不要先把她约出来聊聊……

【咖啡馆场景；田恒坐在桌边等待，背景音乐手机铃声响起】

艾梦梦：田恒，干吗呢？一起去图书馆自习吧。

田恒：我才不去呢，我约了一个学姐，人家比你温柔多了，对我老好了。

艾梦梦：哼！爱去不去。【手机挂断声音】

【韩温柔匆匆走进咖啡店，服务员小汪不小心把托盘掉在地上，韩温柔连忙蹲下帮忙捡起】

小汪：客人，谢谢您了。

韩温柔：没事，没事，小事而已。

韩温柔【走到田恒对面坐下】：不好意思，让你久等了。

田恒：没有没有，我也刚刚到。

韩温柔：最近是遇到什么事了吗？需要我帮忙吗？

田恒【边挠头边说】：呃，也没什么，就是室友们都脱单了，就剩我一个孤家寡人了，心情有点烦躁。

韩温柔：这样啊。【面向观众独白】还以为有什么急事呢，我下午还有个部门例会不能迟到，又不好意思刚来就把田恒一个人丢这儿，这怎么办啊……

田恒【双手握拳放在桌上，试探性地询问】：学姐，你有没有喜欢的人啊？

韩温柔：什么？喜欢的人？我喜欢的人很多啊，爸妈、同学，还有小学弟你啊！

田恒：不不不，我不是这个意思！学姐，我让你帮什么忙，你二话不说就答应；我老约你，你也从不拒绝。你……是不是喜欢我？我一直想问你这个问题。

韩温柔：不不不，你误会了！我……我……我，不知道怎么说，我是个性使然，换任何一个人我都会这样帮助他，我原本以为我们之间只是朋友间的正常交往……

田恒【连忙打断韩温柔】：对对对，我就说嘛，学姐怎么可能会对我有意思……

韩温柔【尴尬地笑了一下】：学弟，不好意思，下午还有部门例会，那我先走了。

田恒【连忙尴尬地回答】：好的，学姐。【面向观众独白】我本以为学姐对我这么好是对我有意思呢，我的误会让我们的友情变了质，该怎么办啊？

【韩温柔走下舞台】

❧ 第 二 幕 ❧

【教室场景；田恒、艾梦梦、谭小生、李优秀各自坐在桌前看书】

谭小生【走到田恒旁边打趣道】：嘿，哥们。这次考试怎么又是第二，咋又输给那个李优秀了啊，得给咱们男生争点光啊！

田恒：我有什么办法，每次成绩都跟她差那么两三分。

谭小生：我觉得你竞赛成绩应该比她好啊，可惜人家的队友也很给力，又把你的一等奖抢走了。

田恒：现在和我说这些有什么用，你这不是给我添堵吗？

谭小生：我这不是提醒你嘛，风头全都被她抢走了。【谭小生走下舞台】

田恒【面向观众独白】：为什么人们总拿我和李优秀比，只不过我们俩都比较厉

害罢了。不过她确实不错，是我们班的才女。我们俩要是在一起，不就拿下整个班了，他们应该会羡慕死我们吧，嘿嘿。

【李优秀起身准备离开教室】

田恒【叫住李优秀】：优秀，你等一下。【李优秀停住】

田恒【边挠头边说】：李优秀，你怎么那么厉害，成绩一直名列前茅。

李优秀：我其实也没觉得自己多厉害，我一直都是只问耕耘、不问收获。我想，努力的人一定会有所回报吧。

田恒：你能这么想已经很厉害了。【吞吞吐吐】我……我……我能多约约你吗，有好多事想向你请教呢，共同进步、征服杭电嘛。

李优秀：我很乐意与你讨论问题，但咱俩要是老单独出去，肯定会被别人误会的。我有事先走啦，拜拜。【李优秀走下舞台】

【艾梦梦默默注视一切】

艾梦梦【边起身边对田恒说】：呦呦呦，看起来人家对你没意思啊，觉得人家比你优秀就想往上面贴，长点脑子吧。

田恒【面向观众独白】：我真是太糊涂了，怎么能觉得她比较厉害就想和她在一起呢？我好像没多么喜欢她，相比之下，我还是更看好那个高中的学妹。

【艾梦梦走下舞台】

❧ 第三幕 ❧

【林荫小道场景；轻柔背景音乐；田恒和王可爱散步】

田恒：学妹，没想到你会主动约我。

王可爱：其实也没什么，就是想谢谢你的关照。咱俩是同一个高中的，高考完我向你请教过不少事情呢。

【艾梦梦走上舞台】

艾梦梦：田恒，我们去看电影吧。

田恒：你自己去吧，没看我约了小学妹吗？

王可爱：学姐，你好。

艾梦梦：走喽走喽，一起去吧。

田恒【推开艾梦梦】：走了走了，别打扰我们。

【艾梦梦走下舞台】

王可爱：学姐，再见。【面向田恒说】学姐对你不错啊。

田恒：我俩是发小，比较熟了。对了，学妹以后遇到什么事情尽管来找我。

王可爱：那就先谢谢学长啦。

【舞台灯光先熄灭再亮起，王可爱挽着小汪走上舞台，田恒从对面走过来碰见】

田恒：学妹，这位是？

小汪：你好，我是她男朋友！

王可爱：学长，这是我男朋友，小汪。

田恒【生气地说】：学妹，你太过分了！我还以为……唉，算了。

【田恒转身离开，王可爱和男朋友面面相觑】

小汪：莫名其妙。【王可爱和小汪走下舞台】

田恒【面向观众独白】：我那个小学妹怎么是这样的人，一面让我做备胎，一面又找男朋友，再也不想见到这种人了。

☙ 第 四 幕 ❧

【林荫小道场景；田恒独自走着】

田恒【边走边看手机】：艾梦梦去哪了？发消息不回，打电话不接。

【艾梦梦走上舞台，田恒低头走路撞到人，抬头一看是艾梦梦】

田恒：喂，你去哪了？这几天都没见到你。

艾梦梦：我去哪了？我当然在学习了，不要老打扰我。

田恒：什么？我们可是从小玩到大的发小，你怎么可以对我这么绝情。

艾梦梦：我告诉你田恒，我再也忍受不了你了。

田恒【拉住艾梦梦】：你把话说清楚，我怎么就让你不可忍受了，说不清楚不许走。

艾梦梦：你这些天到底跟多少个女生表白过？你到底能不能认真对待，还是从始至终就想玩玩？

田恒：你就因为这个生气啊。

【背景音乐《一生所爱》响起】

艾梦梦：我对你很失望。我知道你渴望爱情，想找一份内心的慰藉，但这不是你盲目脱单的理由，毕竟爱情有时是可遇而不可求的。

田恒：不不不，我怎么会这样……

艾梦梦：你应该反省一下自己？你若盛开，蝴蝶自来。多做一些有意义的事来充实自己，而不是盲目脱单，错失生活的美好。【艾梦梦走下舞台】

【田恒反应过来并向艾梦梦追去】

田恒：艾梦梦，你等等我，等等我……【田恒走下舞台】

【背景音乐《Only You》响起】

旁白：人生旅途，漫漫长路，总会有一些人同你一起勾画幸福；无需停留，也别盲目，完善自己就能照亮前方的路；或是追求，或是保护，不要一味地随心所欲，感情需要细细思考、耐心呵护。故事到这里就结束了，爱恨情仇都是缘，衷心希望在场的每一位能够珍惜身边的每一段缘分，每一份情谊——亲情，友情，恩情，不只是爱情。

【谢幕】

第四集　变身男女

【主创人员】

常建波、樊汉勤、高磊、贾天婕、刘军伟、翁俊伟、詹洁、张坤宇、张炜、朱灿

【剧情简介】

　　志明因为家庭矛盾而心情不佳，对自己的恋人春娇变得冷淡，春娇由于不知道事件缘由而埋怨志明。某一天，一个响雷将两人的灵魂交换，彼此开始体验对方世界里的烦恼……

【出场人物】

　　志明：一心想要解决家庭矛盾而忽视春娇感受的大学男生

春娇：一心想要恢复恋爱关系而不了解志明痛苦的大学女生

其他人物：志明的母亲、志明的父亲、春娇的闺蜜

【心理剧本】

❧ 第 一 幕 ❧

【家庭场景；志明和母亲坐在椅子上】

旁白：又是一个这样的夜晚，志明推掉了周末与春娇的约会，只为能与爸妈好好地吃顿晚饭，一家人同以前一样边吃饭边聊着生活的琐事；又是这样一个夜晚，志明满怀期待地摆好碗筷，但父亲依旧迟迟没有回家，最后只能与母亲一起默默吃了晚饭。

母亲：志明，都十一点了，快去睡觉吧，明天你不是还要回学校吗？

志明【揉揉眼睛】：可是老爸还没回家。

母亲：你就别等他了，他指不定什么时候才能回来。

志明：好吧，那我先去睡了。妈，你也早点睡吧。

母亲：知道了，你快去睡吧。

【志明走下舞台】

父亲【踉跄地走上舞台】：我……回……来了。

母亲【生气地说】：你还知道回来？还醉成这个样子！你知不知道儿子今天回家，还特地等着你一起吃晚饭？你可倒好，就知道在外面鬼混！

父亲【推开母亲】：你懂……什……么，我这是应酬……应酬，我……不跟你……吵！【父亲将外套脱下扔在椅子上，母亲上前拿起外套闻了闻】

母亲：怎么有这么浓的香水味？你说，你晚上都去哪了！

父亲：我出去应酬怎么……可能没……有女人，有点香水味就在这……大惊小怪。走开，别碍着我……洗澡！

母亲【带着哭腔】：你今天不跟我说清楚晚上到底干什么去了就不行！

父亲【大声喊道】：你……吵什么，别吵着志明！

【志明走上舞台】

志明：你们怎么吵起来了？爸，你回来了。妈，你怎么哭了？你们这到底是怎么回事啊？

母亲：你自己跟儿子说，你晚上都干了什么好事？儿子特地回来就想一家人一起吃顿饭，可你就知道在外面鬼混……

志明：爸，你怎么……

父亲【着急地说】：你别听你妈在这……胡说八道！

志明【摆了摆手】：好了，够了。爸，妈，我每次回来你们都在吵架，我想和你们一起吃顿饭太难了。算了，我回学校去了，你们继续吵吧！【志明跑下舞台】

母亲【急忙追赶】：志明，都这么晚了！你别走啊，是爸妈不好！

父亲【愣在原地】：志明……

【母亲和父亲走下舞台】

第二幕

【校园场景；春娇一个人坐在椅子上】

旁白：春娇孤身一人坐在校园的石凳上，呆呆地望着眼前走过的情侣们。现在虽已入春，起风的夜晚却还是带着凉意。她虽然衣着单薄，却怎么也不想回宿舍，那个会为自己披上外套的志明此刻是否也惦记着她？就在昨天，志明用一句"想回家吃饭"就将她精心准备了整个星期的约会摔碎在地。看着眼前掠过的一对对幸福的身影，孤单的她好像是此时此刻最不应景的存在。爱情是回不到旧时模样，还是被时间扯下了本就不真实的面纱？

春娇【拨打手机】：志明，你现在在哪里？

志明【犹豫了下】：我……我在从家里回来的路上。怎么了，有事吗？

春娇：没有，就是随便问问，和家人团聚很开心吧？

志明：嗯，要没什么事，我就先挂了。

春娇：等等，你有没有觉得最近我们一直很疏离？你现在连电话也不愿与我多讲一会儿了吗？

【志明沉默】

春娇：你是不是想要分手了？

志明：没有，你别乱想。

春娇：明天我们好好谈谈可以吗？

志明：随便，如果你觉得有必要的话。

【春娇挂掉手机，双手捂脸抽泣】

❧ 第 三 幕 ❧

【校园场景；志明和春娇并排走上舞台】

旁白：还记得彼时，志明牵着春娇的手，漫步在这个草长莺飞的季节里。志明说过，他要带她看遍这个城市每一隅的风景。春娇说过，和志明散步的时候，她曾经关于爱情的所有憧憬就那样真实地实现了。今天，还是一样的校园小径，彼时牵手的幸福却早已相隔到无法被称之为爱情的距离。

志明【转向春娇】：你想和我谈什么？

春娇：你不觉得我们已经很久没有好好聊天了吗？

志明：我……最近有很多事。

春娇：又是很多事，到底是什么事让你一直对我爱答不理？我生病了你不关心，我找你聊天你说没空，我用心准备了周末出游可以与你一起去散散心，你一句回家吃饭就把我晾在一边。你说，你是不是想分手了？

志明：我不是不想理你，我真的有很多事情，你不要这么任性好不好！

春娇：你说我任性，那你有事跟我讲啊，你说出来啊！

志明：你别问了，我不想和你说。

【志明和春娇沉默片刻】

志明：我看今天我们也没有什么可说的了，大家都冷静下吧，我先走了。

春娇：你有什么心事告诉我啊，我可以帮你分担，你为什么这样？

志明：你别任性了好不好？

【忽然一声响雷，两人昏倒在地】

⌁ 第 四 幕 ⌁

【校医院场景】

旁白： 响雷过后，昏倒在路旁的志明和春娇被同学发现后送到了校医院。此刻的他们尚不知道，等他们醒来的时候，各自的生活会发生怎样的变化。

志明：我这是怎么了？我的声音怎么……【用手摸喉咙和脸，看着自己的身体】这到底是怎么了，我为什么变成了志明的样子？天啊，难道是灵魂互换？好像，我记得刚刚打了个响雷……对，就是那个雷！怎么变成这样了……

【母亲走向志明】

母亲：志明，你可算醒了！吓死我了，老师打电话说你昏倒在路边，我马上就赶到学校来。真是担心死我了，现在感觉还不舒服吗？

志明：啊……咳咳……妈，没事了，我现在没什么事了。对了，爸爸呢？

母亲：唉，那天我们吵架之后，你爸就搬到单位住了，现在正在外地忙着出差。

志明：啊？吵架？

母亲：这事怪爸妈不好，你特地回家一趟，我们吵得你大晚上跑回学校，我知道你心里头不舒服。

志明：我？大晚上？

母亲：志明，你怎么了，是不是摔倒的时候伤到头了？你可别吓我啊。

志明：不是不是。妈，我真没事。我是说都是我太任性，大晚上还让你们担心。

母亲：唉，妈知道你懂事。你先好好休息吧，我出去给你买些好吃的。

志明：嗯。

旁白： 爱情是你在我面前收敛起所有的悲伤，爱情也是你不让我靠近你世界里的痛苦。我在烦恼你不理我，我在猜忌你不爱我，我却不知道你正在度过怎样的一段哀伤。志明，对不起。

∾ 第五幕 ∾

【校医院场景】

旁白：醒来的志明发现自己与春娇互换了灵魂，正在惊慌失措不知如何是好的时候，春娇的闺蜜走了进来。

闺蜜：春娇，你可算醒了，这到底是怎么回事啊？发现你的时候，你和志明都昏倒在路边，可把我吓坏了。

春娇：呃……我也不知道……我什么都想不起来了。

闺蜜：是不是志明那家伙欺负你来着？

【春娇沉默】

闺蜜：我真是搞不懂你，那家伙有什么好？恋爱才多久就开始对你不理不睬？你精心准备的周末出游他说拒绝就拒绝，你还天天为他考虑，为他说好话。我反正看在眼里，我觉得他不珍惜你。

春娇：他……他也许有苦衷。

闺蜜：你现在还帮他说话？你忘了最近这段时间你是怎么过的了？

春娇：我就是觉得他可能是为我好才这样的。

闺蜜：难道不理不睬还有理了？哪有那么多借口？如果真的爱你，会让你这么难过吗？我看你是需要好好休息，好好想想了。算了，不打扰你了，先歇着吧，我去给你买饭去。**【闺蜜走下舞台】**

旁白：爱情是你见不到我，任由惦念打湿了你的脸庞；爱情是你遍体鳞伤，依然相信我可以给你整个世界。我以为幸福是让你远离我的悲伤，却不知道你为我的冷漠整夜哭泣。春娇，对不起。

【志明和春娇两人牵手，雷声响起】

旁白：志明说过，要陪春娇看遍这个城市所有的风景；春娇说过，她的爱情定义就是和志明在一起的分分秒秒。曾经的迷惘、猜忌、冷漠和争吵，现在全部都烟消云散。爱情就在那里，自成美好，不曾远离。

【谢幕】

第五集　怦然心动

【主创人员】

陈子乾、池烁烁、洪论武、黄清祺、李安然、李扬帆、陆春键、唐超、王海洋、张源、张志景、朱宏泽

【剧情简介】

也许你不会聊天，一句话就能噎死别人；也许你很宅，抽中了很多 ssr；但是你一定不能没有勇气，在那个怦然心动的人面前，请不要留下遗憾。

【出场人物】

男主：爱玩游戏但又渴望爱情的大学男生

小仙男：掌管爱情事务的神仙

女生：男主喜欢的女生

其他人物：男主的基友们、男主认识的女生们

【心理剧本】

第一幕

【校园场景，男主走上舞台】

旁白：枯藤老树石楠花，浙江杭州在下沙。夕阳西下，学 Java 还是 C++？

男主：我，杭电计算机学院的一名男生，我已经两个月没有和女生说过话了，哪个小姐姐……愿意跟我说说话吗？

小仙男【走上舞台】：我好像听到有人深情地呼唤我？

男主：你是谁？

小仙男：花无百日红，人与仙不同，我是掌管这个春天所有爱情事务的小仙男。我可以帮你寻觅一份泰坦尼克号般的恋爱。

男主：Excuse me？哪里来的幺蛾子？小朋友还是回家打王者荣耀吧。我呢，是一定会找到我的真命天女的。

小仙男：你这么能吹？我倒要看看你有什么本领能追到女生，可别让我失望啊。

男主：快闪一边去，这有什么难度，我先回宿舍玩游戏了。

【小仙男走下舞台】

第二幕

【宿舍场景；男主推开宿舍的门，坐到座位上掏出手机，旁若无人地哼着小曲】

基友一号【拍拍男主的肩膀】：打球去吗，哥们？

男主：别烦我！回来给我带份美食城的花甲米线，不要香菜。谢谢了！

基友二号：老待宿舍多没意思，不如和我出去做兼职？

男主：不去不去，不如游戏。

基友二号：你不是想买机械键盘很久了吗？

男主：你知道理想和现实的差距有多大吗？还是游戏好玩。

基友二号：那你玩一辈子游戏吧。

基友三号：一起打游戏吧，我叫了外卖。

男主：好啊好啊。哎，兄弟，还是你懂我。

旁白：一天就这样过去了。

男主【从座位上站起来】：男女比例7：1，我该如何才能拥有我的真命天女？【哀怨叹惋】

【基友一号、基友二号和基友三号走下舞台】

∽ 第三幕 ∾

【教室场景；背景音乐上课铃声；男主坐在桌前学习，小仙男站在舞台一侧】

男主认识的女生一号【走上舞台】：这个题好难啊，我怎么都想不出来。

男主：哇，这都不会，你是怎么考进杭电的，还是出门被石楠花熏傻了？

女生一号：哎呀，你就教教我嘛。

男主：百度、搜狐、谷歌，爱问谁问谁。【女生一号走下舞台】

男主认识的女生二号【走上舞台】：好巧，你也在这自习，下课一块回宿舍吧。

男主：你住男生宿舍？【女生二号走下舞台】

男主认识的女生三号【走上舞台】：周末有没有空啊？天气这么好，适合出去玩啊，不然多可惜啊。

男主：我还是觉得游戏好玩一些。

男主认识的女生三号：那你还是玩游戏吧，活该没女朋友。【女生三号走下舞台】

小仙男【看着男主，边摇头边说】：聊天能聊成这样，扎心了。

【小仙男走下舞台】

第四幕

【图书馆场景；男主走上舞台】

男主：我的爱情鸟已经飞走了，爱我的人她还没有来到。本来是个明媚的春天，却道天凉好个秋。

【女主走上舞台，伴随背景音乐《传奇》前两句：只是因为在人群中多看了你一眼，再也没能忘记你容颜】

男主【伴随心跳声】：好像很眼熟，似乎在哪里见过她，只是我一直不曾在意，但她确确实实在我的世界里兜兜转转了很久。

旁白：

其实经常可以看到她。

有次在图书馆玩手机，看到她在看一本书，应该有偷偷瞄我。

有次在食堂排队打饭，遇到她刚好在两个人的前边，她总是不经意地回头。

有次在五号楼下取快递，我取快递时负责签收的是她，她小心翼翼地念了两遍我的名字。

要不，就这一次吧。

【男主向女主走去，两人相视一笑，一起走下舞台】

旁白【伴随背景音乐《another day of sun》】：有些人沦为平庸浅薄，金玉其外，而败絮其中。总有一天，你会遇到一个彩虹般绚丽的人，你心动了，你完全心动了，落日泛起紫红的余晖，散发出橘红色的火光燃起天边的晚霞，你觉得这个世界是如此的美好。

【谢幕】

第四篇　寸草春晖

　　在这个世界上，有一种爱，亘古绵长、无欲无求，不因时间改变，不因名利沉浮，这就是来自父母的爱，它是世间任何感情都不能替代的。提起对父母的感恩，很多人会说"努力学习、努力工作，将来有钱了在物质上感恩"，似乎把父母对子女的爱看成了一种期望获得收益的投资，就这样把"感恩"物化了。父母到底需要什么呢？其实，哪怕是一件微不足道的事，都会让父母感到无限欣慰，例如问候的短信、关心的电话、耐心的陪伴，等等。我们在逐渐长大，而父母在慢慢老去，你或许会觉得他们变得唠叨、糊涂、固执、落伍……的确是岁月不饶人。对于至亲的父母，我们更需要耐心和爱心，有话慢慢说，有话好好说，现在开始还来得及。

第一集　影子

【主创人员】

郭家荷、胡佳卉、黄培炎、刘帅、马家豪、闵洋、孙悦乔、王韵蕾、文静、徐舒琪、叶嘉鹏、余陈进、虞蕓绮、张齐

【剧情简介】

在面对真心对待我们的人时，我们可能会苛刻以待，只要他们稍有错误便会勃然大怒。人们都说，一个人对你九分好，而只有一分的不好，你也会抓住那一分的不好斤斤计较，将他们的真心、他们的关心当作理所当然，总是不以为意，失去后才会醒悟……

【出场人物】

林浩：离家求学的大学新生

父亲：林浩严格的父亲

母亲：林浩慈爱的母亲

室友：刘文、于晓、张畅、吴雄

其他人物：数学老师

【心理剧本】

❧ 第 一 幕 ❧

旁白：有光的地方就有影子，这是永恒不变的真理。影子对于我们而言，好似无情却饱含深情，即使全世界将你抛弃，它也不离不弃与你同行。父母也是如此，默默无闻地疼爱我们、支持我们、关心我们，以至于我们很容易忽视那份爱。

【舞台左侧灯亮；林浩躺在床上】

母亲【轻轻走上舞台并作推门状】：林浩！快起床了！这都八点半了，太阳晒屁股啦！天气这么好，赶紧起床了！【用力掀被子】

林浩【裹紧被子，翻了个身】：才八点半，这么早啊！我这皮糙肉厚，太阳晒不焦的，让我再睡会儿……

母亲：八点半了还没睡醒，你昨天晚上是不是又熬夜了？都跟你说了多少遍，年轻人不要老熬夜，熬夜对身体不好……

林浩【捂住耳朵】：哎呀，烦死了！我现在是长身体的时候，多睡点儿觉怎么了！

母亲【用力掀被子】：你编理由也编个像样点儿的！快快快，快起床！

林浩【猛坐起来】：我还是个宝宝啊，不想这么早起床！

母亲【双手叉腰】：行了行了，差不多得了，起床吃早饭了！

【林浩不情愿地起床，与母亲一同走出房间；舞台右侧灯亮，父亲坐在桌旁看报纸】

林浩：今天吃什么呀，我想吃现磨淡奶浓汤搭配西班牙橄榄油炸制的咸味法棍和中式黑蛋红肉羹搭配小麦面饼包裹的浓汁炖肉。

母亲【满脸疑惑】：啊？

林浩【低头看手机】：就是豆浆、油条、包子和皮蛋瘦肉粥。

父亲【放下报纸】：林浩，吃饭就吃饭，不要总是玩手机！你现在看那些小说、玩那些游戏都是浪费时间。短时间玩玩手机放松一下，比如看看新闻是可以的，但一天到晚抱着手机玩就是浪费生命了。

林浩：哎呀，爸，我已经高考完了，现在放假就应该好好放松放松。

父亲：我不是不让你玩手机，而且你玩手机能放松吗？还不如放下手机看看外面的风景或者看看优秀的书籍。那个电视剧《爱情公寓》里的曾小贤不是说过吗？多读书，多看报，少吃零食，多睡觉，你看多有道理。

林浩：我又不是老年人，看书喝茶散步都是老年人做的事情，我们年轻人就是应该玩手机。你怎么也跟母亲一样管这么多？这是暑假，就是拿来玩的啊！

父亲：那也不能一直玩啊，你马上就要离家去大学了，到时候得半年或一年回家一次，你就不能趁现在多陪陪我们吗？

林浩：我同学在家里也玩手机，没见他们爸妈废话这么多！

父亲：你怎么就光学不好的，你看看邻居小明、小红、小橙、小黄、小绿、小青、小蓝和小紫，你看看人家多听话！

【林浩转身离开，舞台灯光熄灭】

❧ 第 二 幕 ❧

【舞台灯光亮起；机场场景，林浩哼着歌在前面走，父母拖行李在后面走】

林浩【快步向前】：那儿有空座，我们坐那儿！

母亲【呼吸急促】：哎，小心！慢点！孩子他爸，我们走快点！

林浩【扭头回望，转向观众】：我一直以为父母还有花不完的力气、用不完的精力。原来他们都已经老了，原来我错过了那么多。我一直以为父母不理解我，原来他们一直在拼命向我靠近。

林浩【快步走向父母，接过手中行李】：你们走太慢了，还是我来拿吧。【父母对

视，欣慰地笑】

母亲：飞机离起飞还有一个小时，待会在飞机上记得关手机，到了记得给我们发消息。待会睡一会儿，记得盖上衣服，不然容易着凉。

林浩【低头看手机】：好的，知道了。

父亲：大学里一定要认真学习，不能整天就想着玩手机，要和室友们好好相处。对了，缺什么就打电话，我们给你寄过去。

林浩【低头看手机】：嗯，我知道了。【拉起行李】：爸妈，我走了。

母亲：去吧去吧，到了记得给我们发消息。

林浩【转身快步离去】：嗯！知道了！【父母望着林浩远去】

【舞台灯光熄灭】

∽ 第三幕 ∾

【舞台左侧灯亮；寝室场景，林浩、于晓、张畅、吴雄和刘文坐在座位上】

于晓：现在几点了？

林浩：零点了。

吴雄：要不再来一把？

刘文：你们还不睡啊？

吴雄：急什么啊，夜生活刚刚开始！

张畅：来来来！

刘文：那我先睡了。

林浩：在学校可以随心玩手机了，真好！

【游戏背景音乐响起】

林浩：雄哥，你也太强了。啊！现在都一点了！完了，明天还有早课。哥们，睡了睡了。

【舞台左侧灯灭，舞台右侧灯亮；教室场景，数学老师站在讲台上】

数学老师：大家拿出手机，我们准备点名。

【林浩、于晓、张畅和吴雄匆匆出现在教室门口】

林浩：老师！不好意思，我们迟到了！

数学老师：没事，赶紧找个位置坐下吧，下次课要记得早点来。【四人赶紧找位置坐下】好了，同学们，我们继续点名。

【老师讲着题目，林浩开始走神】

林浩：唉，没人叫我起床了，还真有些不习惯，早知道昨天晚上早点睡了！不知道爸妈在家怎么样了？没有我在家他们应该能轻松不少吧。没有他们的唠叨，还真有些不习惯呢，我在家的时候对他们的态度真是太差了。爸妈，我想你们了。

【舞台灯光熄灭】

◦⊱ 第四幕 ⊰◦

【舞台灯光亮起；寝室场景，林浩和于晓坐在各自座位上，于晓用手机和父母视频聊天】

于晓：爸妈，那我挂电话了。嗯，嗯，知道了，放心吧。行，再见。【挂掉电话】

林浩：我看你跟你爸妈相处的很好啊，我有些羡慕。

于晓：羡慕什么，你也可以跟你爸妈视频聊天啊。

林浩【挠了挠头】：我以前对他们态度太差了，不好意思跟他们视频。

于晓：在家难免会和父母产生争执，事后想明白了跟他们道个歉，家人之间的事儿没什么大不了的。有什么好不好意思的啊，他们永远都是最爱你的。

【林浩拿起手机思考了一会儿，下定决心拨打了视频聊天】

妈妈：浩浩，你终于给我们来消息了！大学过得怎么样啊，有没有缺什么啊，和室友们相处得怎么样啊？

林浩【有些哽咽】：我过得挺好，现在不缺什么，室友们都很好，你们就不要担心了。

妈妈：那就好，那就好！看你过得好我们也就放心了！

爸爸：对了，浩浩，学习怎么样啊，听不听得懂？

林浩：老师讲得特别好，虽然内容有些难，但认真听还是能听懂的。

爸爸：好，好！

妈妈：我刚听天气预报说，杭州最近要下雨降温，你出门记得带件外套。三餐要记得按时吃，不要吃那些垃圾食品。晚上也一定要早睡，第二天才会有精神。

林浩：嗯……

妈妈：怎么了，遇到什么困难了吗？

林浩：因为暑假里吃喝玩乐，我上周的体测没及格……

爸爸：没及格再补测就行了，不过你以后要注意了。

妈妈：没事没事，你可以的。

林浩：嗯……爸，妈，我想你们了。

妈妈：有时间就回趟家吧，我们在家也挺想你的。

爸爸：什么时候回来提前说。

林浩：嗯！

【林浩起身面向观众】

林浩：以前的我一直把父母的爱当作负担，觉得他们总把自己的想法强加于我，从来不会好好考虑我的感受。现在我才明白，当他们满心欢喜地把最好的东西双手捧在你面前时，看到你不理不睬甚至不屑一顾，心里会有多难受啊。在我们每次需要父母的时候，他们总是会以最快的时间出现，以他们自己的方式尽全力爱护我们。就算漂泊在外，父母那爱我们的心总是与我们同行，让我们在他乡也不会觉得孤单。爸妈，我爱你们！

【谢幕】

第二集　原来你不只在梦里

【主创人员】

范廷昌、金琛智、李美纳、林琳、倪子怡、钱天燊、苏巧钻、上官宗阳、郑捷文

【剧情简介】

　　一位父亲在遭遇飞机事故后来到了充满各种人物的梦世界，在这里，他陪伴儿子一路成长并见证儿子的诸多生活印记。但是，梦世界中的科学家们不满足于桎梏于此，决定销毁梦世界。这位父亲一路挣扎，最终在儿子的呼唤声中醒来……

【出场人物】

父亲（名字为吴争）：剧中儿子的父亲，在梦世界存在 30 年

儿子：杭电学子，一直思念与陪伴父亲

牛顿、诺贝尔、爱因斯坦、霍金：计划毁掉梦世界的科学家

其他人物：妻子、朋友、医生

【心理剧本】

⁂ 第 一 幕 ⁂

【播放一段空难视频，吴争带着疑惑缓缓走入，发现四位科学家正在制造新奇装置】

诺贝尔：爱因斯坦先生，我觉得这个线路应该这样摆放。

爱因斯坦：可是我们并不知道原来的物理定理在这里适不适用，先等牛顿先生把数据计算出来吧。

爱因斯坦【注意到吴争，面带微笑起身】：哦，你是新来的吧。介绍一下，我叫爱因斯坦，还有，这位是牛顿，【牛顿低头计算没有回应】这位是诺贝尔先生，【诺贝尔向吴争打招呼】对了，说说你是怎么死的吧。

吴争：我只隐约记得，我之前在一架飞机上。

诺贝尔：这届数学不行呀，这第几个空难来的了，到底能不能安全飞行？

牛顿：这属于空气动力学的问题，难道是后来的物理学界没落了？

吴争：虽然不知道为什么你们都能说中文，但飞机是让鸟撞了。

爱因斯坦：哦，鸟撞飞机，生物学垃圾。

诺贝尔：你们造的机身不够牢固，路线计算不够精密，意思是鸟还不能飞了？你们考虑过鸟的感受吗？

吴争：因为我生前做科研工作，所以进的天堂就是这种版本？

爱因斯坦：天堂？这里是梦世界。这么和你说吧，人的死亡分为三个阶段，心脏跳动的停止意味着生理上的死亡，葬礼的结束意味着社会意义上的死亡，但是你仍然可以以梦的方式存活并陪伴你的家人好友。

诺贝尔：但假如再也没有人思念你、梦见你，你就会在梦世界彻底消失，那就成了真正意义上的死亡。

牛顿【继续忙着计算】：没办法，记住我们这群老东西的人太多了，每次有人梦见我们都得现身讲题。这么多年了，中文怎么也说顺溜了。

爱因斯坦：如果你不想见糟老头子，左转能见到居里夫人，右转直走见见拉格朗日也不错。【边说话边站起身拍了拍吴争的肩膀】头几个星期会比较忙，慢慢就会变得很闲了，普通人过个几年就能投胎了。

【四位科学家走下舞台】

吴争【面向观众】：我算是明白他们所说的忙是什么意思了。这几天我出现在很多人的梦境里，有我的老朋友。

【朋友拿着篮球走上舞台拍拍吴争的肩膀】

朋友：好久不打球了，咱们走一个吧!【朋友走下舞台】

吴争：我的妻子。

【妻子端着锅走上舞台】

妻子：亲爱的，给你烧了你最爱吃的糖醋排骨，快过来帮我尝尝!【妻子走下舞台】

吴争：我的儿子。

【儿子抓着纸飞机跑上舞台，抱住吴争】

儿子：爸爸，你知道吗，我今天造句得了满分，老师奖励了我一朵红花呢!【儿子跑下舞台】

吴争：我的过去。

【舞台灯光熄灭】

❧ 第二幕 ❧

【播放音乐片段《A little story》】

旁白：已经几年过去了，梦见我的人越来越少，甚至是我的妻子。他们都已经接受了我死去的事实，只剩我的儿子。因为他，我成为梦世界中一个久久未能离去的灵魂。

【舞台灯光亮起；吴争坐着看书，儿子跑上舞台】

儿子：爸！我考上杭州电子科技大学了，快看！【拿出录取通知书】

吴争：就是那所电子信息特色突出、经管学科优势明显、工理经管文法艺多学科渗透发展的研究型大学吗？爸爸真替你开心。但是，那所大学的男女比例……

儿子【掏出照片】：爸爸不用担心，我今天告白成功了呢！

吴争：真是个不错的姑娘，你可要对感情负责。

儿子：放心吧，爸！我连以后孩子的名字都想好了呢！

吴争：那你以后想做什么？

儿子：我想做一个像马云那样的企业家，和他一样去改变人们的生活方式。

【舞台灯光熄灭后亮起；儿子坐在办公桌后】

儿子：没事，就按我说的做，通过电子商务的途径去推广。

【吴争缓缓走向儿子，儿子看见父亲后起身】

吴争：不错啊，真的开公司了，这么晚还在忙业务呢。

儿子【拉吴争坐下】：爸，我开发了一个 APP，叫叮叮拼伞，人们在天气炎热的时候按下"我要拼伞"，附近有太阳伞且顺路的用户可以抢单，价格不一、童叟无欺。用户使用后付费并留下评价，促进人际交往新模式，还促成了许多对情侣呢。

吴争：你小子可以啊！

儿子：是啊，实现了我之前的创业梦！

【舞台灯光熄灭后亮起；儿子看着母亲的遗像，伤心欲绝地低头哭泣，吴争从舞台一侧慢慢靠近；儿子看见父亲后，伤心地扑到父亲怀里】

儿子：爸，妈走了，公司倒了，我什么都没有了。我到底该怎么办？

吴争：别难过孩子，爸就在这里陪着你，以后肯定都会好起来的。

【舞台灯光熄灭】

❧ 第 三 幕 ❧

【舞台灯光亮起，四位科学家站在舞台中央】

爱因斯坦【凝视手上的按钮，然后抬头笑着说】：太久了，太久了……在这个所谓的梦世界里待的时间实在是太久了，我已经厌倦了。我们该走了。

诺贝尔：我早就想上天堂了，偏偏被这么多人记着。

爱因斯坦：有多久了，日复一日采集梦世界的数据。艾萨克牛顿爵士，诺贝尔先生，我无比荣幸能够以这样的形式与你们合作。

牛顿：赶紧按按钮吧！几百年了，我的头都快被苹果砸秃了，你说我捣腾出万有引力图什么？

爱因斯坦【点点头】：我，阿尔伯特·爱因斯坦，代表科学团队宣布，梦世界将在两分钟后毁灭，祝贺与我们拥有同样苦恼的朋友，你们将会从漫长的囚禁中解脱。

【播放音乐片段《最后的抉择》】

吴争【冲过去嘶吼】：停下，快停下！

爱因斯坦：先生，为什么会想要停下呢？你已经死了，只是活在别人的梦里。梦醒之后，一切都会消逝而去。

吴争：我死了，但我希望在我儿子需要我的时候，我还可以在梦里陪伴着他。

爱因斯坦：梦境是没有任何意义的，先生。

吴争：你根本不明白，爱因斯坦先生。意义不是科学，不是说解释了质能方程就有意义，不是说我们知道了光是彩色的就有意义。我的孩子，他就是我一直存在下去的全部意义啊。现在他只剩下我一个人了，我不能消失，我不能走！

【科学家们相互对视，然后摇着头离开了】

儿子【幕后旁白】：爸！不要走！不要留下我一个人！

吴争：在哪里，你在哪里？

爱因斯坦【幕后旁边】：你疯了吗！走进那里，梦世界消失的那一刻，你就会被永远困在里面！

吴争：那样也没有关系。我没能陪伴我的儿子长大，起码我可以在那里陪他度过一生。

儿子【幕后旁白】：爸，听说折一万个纸飞机，在空难中失踪的亲人就能回来了。

医生【幕后旁白】：这位先生，希望您可以做好心理准备。

吴争【挣扎着边跑边喊】：我不能留下你一个人！

【舞台灯熄灭后亮起】

医生：吴争先生，你的眼睛还不能适应光线，我们现在做了遮光处理，而且你一时还恢复不了对身体的掌控。这些都是正常的，请不要惊慌。我谨代表所有医护人员对你表示敬意，您完成了人类史上的两个奇迹：三十多年前的空难，您是唯一一位幸存者，没人知道您是如何活下来的；之后您进入了植物人状态，整整三十年过去了，您居然醒过来了……这注定是个奇迹……身为您的第三个负责医生，我有很多话想对您说。但在此之前，我必须把时间让给一个人，他已经整整陪伴了您三十年。

儿子【握住吴争的手】：爸，欢迎回来！【父子相互拥抱，众人上台鼓掌】

【谢幕】

第三集　给心灵一个家

【主创人员】

陈永健、贾鑫宇、赖云松、倪源、王家旭、王梦洁、王伟康、吴陈菲、吴吉莹、吴洁婷、徐睿、杨家欣、庄荆男

【剧情简介】

在小男上小学时，母亲去世了；在小男上中学时，父亲再婚了。因为怀念、因为拒绝、因为内疚，小男始终无法面对新的重组家庭。无法融入大学生活，无法接受家庭生活，小男到底该何去何从？

【出场人物】

小男：不能接受母亲逝去以及父亲再婚的大一新生

小菲：从小认识并喜欢小男的女大学生

父亲：为再婚而自责的小男父亲

阿姨：非常疼爱小男的继母

辅导员：一直关注小男的辅导员

小男同学：小健、小倪

其他人物：寻子夫妻

【心理剧本】

❧ 第 一 幕 ❧

【网吧场景】

小男：怎么又输了！【摔鼠标】

旁白：我叫小男，今年十九岁，是一名大一的学生。十岁那年，我妈患癌去世，十三岁那年，我爸再婚了。我讨厌我爸，也讨厌那个自以为能够取代我妈的女人，每次回家看到她那张讨好的脸庞，我就觉得恶心。我讨厌学习，但只要考上大学就能离开这个家。我讨厌大学，只有网络游戏才是我的最爱。

【背景音乐手机铃声响起】

小菲：喂，小男，你在哪呢？

小男：网吧，怎么了？

小菲：老师上课点名了，你已经很多次不到课了。老师说下次课你再不到，可就要取消期末考试资格了。

小男：哦，无所谓。你是我的谁啊，最好离我远点，别让我带坏了你这个好学生！

小菲：小……

【小男挂断手机，拿起背包走出网吧，在校园里遇见小健、小倪】

小健：哎，小男，今天怎么没来上课啊？

小男：在网吧待着呗，玩游戏老是输，烦。

小健：我提醒你下，你下次再不来上课，可就要被取消期末考试资格了。

小男：行了，别说了。小菲刚才已经打电话跟我说过了，你们到底烦不烦！

小倪：小菲？我怎么觉得她好像喜欢你呢。

小健：哎哟，班长吗？真的假的？她学习好又很优秀哎。

小男：我不想吵架，你们少管闲事！

小健：急什么啊！你成天玩游戏，放假也不愿意回家，难道是因为你的家庭原因？

小男【推开小健】：你说什么？

小健：怎么，想打架啊？

小男：来啊，谁怕谁啊？

【小男和小健扭打在一起】

小倪：你们干吗啊？有话好好说！别打了，辅导员来了！

辅导员【连忙制止】：你们为什么要打架？小男，你多久没上课了？这样，你先和我去趟办公室。

【小男一副无所谓的态度】

第 二 幕

【办公室场景】

辅导员：小男，你放任自己已经很久了，能和我聊聊吗？

小男：这是我自己的事儿。

辅导员：我也了解一些情况，我希望和你好好聊聊。

小男：什么情况？

辅导员：比如你的日常生活，还有你的家庭情况。小男，是这个原因吗？

小男：我不想谈我的家庭。

辅导员：有想过与家人好好沟通下吗？可不可以试着去了解下他们的想法？

小男：老师，我想回宿舍了。

辅导员：小男，一味的逃避解决不了问题。你是要成长的，不要被自己限制住。

【小男站起来走出办公室，辅导员拿起手机拨打电话】

辅导员：喂？您好，您是小男的父亲吗？我是小男的辅导员，我想和您聊聊。

父亲：哎呀，老师，您好！

辅导员：您察觉到小男这一年里的变化了吗？

父亲：这孩子现在成天说忙，不打电话也不太回家，每次回家待几天就匆匆走了，我们都没有好好坐下来聊聊天。

辅导员：嗯，小男这一年里过得有点消极，这样下去四年的青春可就浪费了，我其实了解到小男的变化是从您再婚开始的。

父亲：是我再婚的事情影响了他，可我不知道对他的影响这么大。我以为他就是不爱和我们说话，不愿意回家看我们，可谁曾想……

辅导员：小男心里有心结。小男爸爸，我建议您和小男好好聊聊。

父亲：是是是，这样可不行。

辅导员：您有什么事情可以和我沟通，对待小男不要太着急。

父亲：好，马上要放假了，我们父子俩好好聊聊。

❧ 第 三 幕 ❧

【家庭场景；小男坐着打游戏】

父亲【坐到小男旁边】：小男，最近你是不是有什么心事啊？你有什么事儿都可以告诉爸爸。咱俩一直没什么时间好好聊聊天，今天你就和爸爸说说话吧。

小男【站起身来】：别烦我！

阿姨【走到小男面前】：小男，我们是一家人，把心里话说出来，咱们一家人一起想想办法。

父亲：小男……你先别打游戏了好吗？

小男【面向父亲】：好，要我说是吧！行，那我就跟你说！【手指阿姨】你以为她能代替我妈？她还总在我面前假心假意地各种讨好，想让我叫她妈？做梦！不可能！我只有一个妈！

【阿姨跟跄了一下】

父亲【手指小男】：小男，你……你怎么能说出这样的话！

小男：我只有一个妈，没有后妈！如果你们讨厌我，那我走就行了！我会离开这个家，你和她一起过幸福的日子吧！【转身离开舞台】

【父亲阿姨连忙去追，父亲头晕扶额坐下，阿姨急忙扶住父亲】

父亲：小男……他这是恨我啊。

阿姨：唉……

❧ 第四幕 ❧

【网吧场景；小男伸懒腰从网吧走出，迎面遇到一对寻子夫妻】

寻子母亲【手拿寻人启事，上前询问小男】：您好，麻烦问问。您在附近见到过这个孩子吗？16岁的男孩，他跟您差不多的身材，高高瘦瘦的，穿着蓝衣服，头发有点卷儿，戴着黑框眼镜……

小男【接过寻人启事看了看】：抱歉，我没见过。

寻子父亲：麻烦您再仔细看看，仔细想想啊！

寻子母亲：对对对！四天之内，您见过没有……

小男：没有……

【寻子母亲跌坐在地，寻子父亲连忙扶住】

小男：叔叔阿姨，你们先别着急。到底是怎么回事，孩子走丢了吗？

寻子父亲：都怪我啊，我不该打他……

寻子母亲：该找的地方都找遍了……这孩子能去哪啊……这都四天了……他身上没有钱……到底该怎么生活啊……

小男：叔叔阿姨，你们把详细情况给我说一下吧。

寻子父亲：唉，我们一直忙着赚钱养家，没时间照顾他。他经常闯祸，我就经常

打他骂他。这孩子脾气倔，被学校开除了也不给家里说，一直躲在网吧里。我们好不容易找到他，我就逮着他狠揍了一顿。没想到……他就再也不回来了……【抽泣起来】

寻子母亲【推开寻子父亲】：都是你，都是你！他还只是个孩子啊，有事不能好好说吗？现在好了，找不到了……【大哭起来】

寻子父亲：谁家的父母不爱自己的孩子？我以为他能……理解我们的苦心……

【小男面向观众】

旁白：现在的他们是不是也在担心我？比如担心我在学校过得不好？父亲好像也和他一样老了，好像头上的白头发越来越多了。我想我妈，我恨我爸那么快再娶。阿姨为这个家付出了很多，可我不接受她进入我的生活。我是不是错了？如今的状况还要持续多久？

小男：四天了，叔叔阿姨，还是去派出所报案吧。

【寻子夫妻走下舞台，小男手机铃声响起】

小男：喂。

小菲：小男小男，终于找到你了！你知不知道叔叔阿姨担心死了！

小男：我说，你老盯着我干嘛！你是好学生，应该离我这种差生远点！

小菲：小男，咱们从小就认识，你知道我为什么喜欢你吗？初一的时候，有男生在我抱着作业本的时候揪我的辫子，是你及时制止还帮我搬了作业本，那时候我就知道你是一个内心有爱的人。后来因为家庭变故，感觉你像换了一个人，但是我知道，你并没有真的改变，你看到需要帮助的人还是会付出。我知道你心里可能有个结，你也不想这样对待叔叔阿姨，我觉得你可能是在内疚和逃避。

小男【沉默一会】：我没你说的那么好。

小菲：小男，你只是在隐藏自己的情感。还记得阿姨上次患阑尾炎的时候吗？你嘴上虽然说着不想管，可是眼里的担忧是无法隐藏的。阿姨去学校给你送你爱吃的东西，虽然你嘴上表示特别嫌弃，但实际上并没有拒绝，还都吃完了。

小男：我只是不想浪费。

小菲：小男，阿姨对你很好，她是真心疼你的。小男，你真要好好想想，好好珍惜身边人。这里有一封信，是你妈妈生前给你留下的，叔叔托我转交给你。

旁白：小男，看到这封信时，我已经离开了你。我希望你一直坚强勇敢，怀着一颗宽容的心活下去。你要相信爸爸妈妈始终是爱你的，不会因为任何事情而发生改变。我们有的时候会做错，但我们的初衷都是为了你好。如果多年之后，爸爸把一个陌生的阿姨带回家，请你尝试着去接受她。爸爸是一个好人，你也会慢慢长大，他需要有个人陪他走下去，陪他一起走过漫漫人生路。妈妈拥有爸爸还有你的爱，已经是我这一生最最幸福的事了。小男，你要好好成长，妈妈永远爱你！

【小男大哭起来】

≫ 第五幕 ≪

【家庭场景；小男站在门口，犹豫是否开门】

阿姨：你说小男还会回家吗？

父亲：唉，不知道，我们也只能等，我也不知道咱们能做什么。

阿姨：都是因为我，对不起。【小声哭泣】

父亲：别这么想，你没有错。你为这个家付出了很多，小男一定是看在眼里的。我们再等等，小男会回家的。

【小男推门而进】

小男【低着头说】：我……回来了。

阿姨【连忙起身】：小男，你回来了！想吃什么，阿姨给你做！

小男：对不起，让你们操心了。

父亲：回来就好，回来就好！来来来，快坐下！

小男：阿姨……

阿姨：你……你……你刚才叫我什么？

小男：阿姨！我……我现在还不能叫您妈，您给我些时间……

阿姨【哽咽地说】：好好好，挺好的，没事没事！我……我……我真是太高兴了。

小男：阿姨，我饿了。我想吃您做的红烧肉。

阿姨：好好好，你等着！阿姨这就去做！

父亲：好好好！小男，咱们一家人今天好好吃顿饭！

小男：爸，我想了很多。【面向观众】我不该只对过去的生活念念不忘，却忽视了现在已经拥有的爱。过去的快乐固然值得怀念，但现在的幸福更需要我去珍惜。我之前太自私，攥着自己回忆中的幸福不放手，其实一直以来我的心里都是空落落的，现在才发现你们给我的温暖一直被我拒在心门之外。对不起，小男不懂事，让你们伤心了，谢谢你们一直包容我的任性。

父亲【拍着小男的肩膀】：小男，你长大了。

阿姨【拉起小男的胳膊】：小男，我们都是你的亲人。

小男【牵起父亲和阿姨】：我爱你们。

【谢幕】

第四集 单向陪伴

【主创人员】

李玉玺、许如涵、叶莉、赵诗雨、张小丽、邹玉珏

【剧情简介】

　　母亲最大的希望就是陪在女儿身边。女儿小时候爱吃鸡翅，她不知道反复练习了多少次做鸡翅，女儿长大后离家，她总以送女儿爱吃的鸡翅为由去接近女儿！女儿对母亲做的一切不以为意，但当有一天母亲突然离开后，女儿幡然醒悟，原来母亲只是希望自己多陪陪她……

【出场人物】

女儿：女大学生，在经济并不富裕的单亲家庭中长大

母亲：女主的母亲，辛苦了一辈子，而且将生活重心放在女儿身上

其他人物：姑姑、表哥、商贩

【心理剧本】

❧ 第一幕 ❧

旁白：夜晚，一个女孩坐在窗前，手里捧着一张照片，不断地轻声喊着：妈妈、妈妈。不知不觉间，往事涌上心头，女孩泪流满面……

【舞台左侧灯光亮起；家庭场景】

女儿【戴着耳机，走上舞台，扔下书包】：快，走中路，你来打辅助！

母亲【边收拾碗筷边说】：瑶瑶，回来啦，快洗洗手，准备吃饭啦，妈妈给你做了你最爱吃的可乐鸡翅哦！顺便让你表哥也尝尝妈妈的手艺！

女儿【抬头看了一眼表哥，敷衍地打了个招呼】：表哥，你也在呢。妈，不会又是上次的黑暗料理吧？【一脸不悦】

母亲【连忙接话】：不会的，不会的！妈妈知道你爱吃，特地学了好久，光是这选鸡翅啊，我就下了好大功夫……【准备娓娓道来鸡翅做法】

女儿【不耐烦地说】：停停停停，打住！我吃，我吃行了吧！

女儿【一手打游戏，一手夹起鸡翅咬了一口】：我去！又挂了！

女儿【扔掉鸡翅】：这鸡翅太难吃了

母亲：怎么会呢，要不你再试试？

女儿：不试不试！你烦不烦啊！

【母亲低头离开】

表哥：瑶瑶，你过分了吧！

女儿：有吗？

表哥：你知道你妈妈大清早……【停住不说】

【舞台左侧灯光熄灭，舞台右侧灯光亮起；超市场景】

商贩：卖鸡翅咯，新鲜的鸡翅哟。

母亲：哎！老板娘。

商贩：大姐，你又来了呀？今天的鸡翅可新鲜了，你女儿肯定爱吃。

母亲：看着不错，那就照老样子给我装一斤！

商贩：大姐呀，看你每次一早就来买鸡翅，挺辛苦的啊。

母亲：辛苦啥，为了孩子，哪会辛苦啊！

商贩：嗯，也是。来，您要的鸡翅给你装好了。

母亲：好，以后有新鲜的也给我留着啊！

商贩：好嘞，大姐慢走啊。

【舞台右侧灯光熄灭，舞台左侧灯光亮起；家庭场景】

女儿：行了，行了，我知道了。

女儿【转向母亲说】：妈，我再尝尝吧。

母亲【连忙应声说】：好好好，喜欢你就多吃点，妈还给你做啊。

⇢ 第 二 幕 ⇠

旁白：母亲辛苦工作了半辈子，终于供女儿读完了大学。女儿也得偿所愿，在大城市找到了工作并定居下来。

【舞台左侧灯光亮起；房间场景】

母亲【边敲门边说】：瑶瑶，妈妈来看你了，快开门。

女儿【面无表情地边开门边说】：妈，你怎么又来了。

母亲【兴高采烈地说】：妈妈来给你送鸡翅啊。怎么样，好久没吃，想不想吃啊？

女儿：好久？你忘了上个月刚来送过吗？

母亲：这样啊……最近记性不怎么好……你平时工作忙，妈能陪你的时间不多，你爱吃，妈就多做一点给你吃！顺便还能来帮你收拾屋子，给你减轻点生活压力。瑶瑶啊，妈能为你做的也就这么多了……

女儿：行了行了，每次也就这几句话。你每次大包小包地过来不嫌累啊，现在人都用微信联系了，大老远就能通过视频看见对方。

母亲：哦，现在的交流工具都这么方便了啊。妈妈老了，不中用了，这微信怎么用啊，你教教妈妈呗。

女儿：喏，你看。你先加我为好友，点这里就能视频通话了，看懂了吗？你自己研究研究吧，我还有工作要做，实在不会再来问我。

母亲：哦哦，你去忙吧，妈妈自己研究就行。

【母亲戴着老花镜盯着屏幕，用手指小心翼翼地点着手机】

母亲：瑶瑶啊，帮我找找你姑舅的微信。【停顿一会】哎！瑶瑶，你来看看，你舅舅要我们帮他分享一下，怎么分享啊？【停顿一会】瑶瑶，这跳出来的提示是什么意思？【停顿一会】瑶瑶啊……

女儿：妈，你学不会就别用了！烦不烦啊！天也快黑了，你快回去吧，不然赶不上车又得我送你，净添麻烦了！还有，别用老往我这跑了，有事发微信就行！

【母亲走下舞台】

❧ 第 三 幕 ❧

旁白：母亲真的很久没来看女儿了，女儿刚开始乐得轻松。可是时间久了，女孩感到有点不对劲。

【舞台左侧灯光亮起；房间场景】

女儿【自言自语】：妈妈怎么这么久没来了，是不是我之前的话说重了啊？

【手机响铃】

女儿：喂，表哥。

表哥：瑶瑶，你妈妈生病了，你快回来看看吧。这几年你妈妈的身体一直不太好，但为了不让你担心，一直不让我们告诉你，现在病情越来越严重了。医生说，恐怕是……老年痴呆……你，还是快回来吧。

【舞台左侧灯光熄灭，舞台右侧灯光亮起；医院场景】

女儿【看着坐在病床上表情呆滞的母亲，不安地喊道】：妈？

母亲【重复说道】：瑶瑶喜欢吃鸡翅……瑶瑶喜欢吃鸡翅……

姑姑：瑶瑶啊，你摸摸你妈妈的手，这是为你操劳了大半辈子的手呀。都说可怜天下父母心，可做儿女的又何尝能够体会？

女儿【握住妈妈的手哭着说】：妈，我错了，你看看我，我是瑶瑶啊。

姑姑：她现在谁都不认识了，但还是会每天去做鸡翅，嘴里一直说着瑶瑶喜欢吃鸡翅。

女儿【放声大哭】：妈，对不起，是瑶瑶没好好照顾你！

旁白：原来，只有我们一直在遗忘。母亲，她什么都记得，什么都舍不得忘。

❧ 第四幕 ❧

旁白：树欲静而风不止，子欲养而亲不待。噩耗传来，母亲去世了……

【舞台左侧灯光亮起；女儿整理母亲遗物，翻到一本泛黄的日记本，边翻看边念】

女儿：

今天，女儿嘴上说着我做的鸡翅一般，但是我知道她已经认可我了。

女儿收到大学录取通知书啦！我真为她骄傲啊。

女儿在大城市工作压力肯定很大，趁我现在还干得动，得多给女儿存点钱。

今天，我去看女儿了，给她送了她最爱的鸡翅，女儿还教我用微信了呢，只是我太笨了，让她失望了吧。

最近经常头疼，体力也跟不上了，可能不能经常去看她了，也不能再为她做更多事情了……

女儿【大声哭泣地说】：妈，我好后悔，你回来好不好，我好想再吃一次你做的可乐鸡翅，我也会陪着你，教会你使用微信，我一定不会再让你一个人孤独，我到现在还没有好好陪伴过你呢。妈妈，你再给我一次机会吧，妈妈！

旁白：人总是容易习惯那些长久的单向陪伴，并忽略那些给予陪伴的人，错过了转身拥抱的机会，机会可能就不会再有了。作为大学生，我们离家远航，想要多看看彼岸的生活。可我们跑得越快，父母也老得越快，一直陪伴我们的人也会慢慢离开。所以，趁现在还来得及，快去拥抱你的父母，拥抱身边一直不离不弃陪着你的亲人，他们是你一生都不可辜负的人！

【谢幕】

第五集　结·解

【主创人员】

陈静、何佳悦、莫芸扉、沈婷婷、余佳、张若琳、卓欢芝

【剧情简介】

　　羽谖一直积极努力，并且梦想着成为服装设计师，但是从小总被母亲拿来和姐姐比较。其实，羽谖的努力一直被姐姐羽陌看在眼里。学校正在组织环保服装设计大赛，羽谖为了实现自己梦想决定参加比赛。就在比赛当天，妈妈和姐姐都来到了现场，她们之间的矛盾是否能由此而消解呢？

【出场人物】

羽谖：拥有设计师梦想的大学生

羽陌：默默关心并支持妹妹的姐姐

母亲：疼爱孩子但总是使用比较方法的母亲

小蕊：羽谖的同学

其他人物：宣传单发放人员、工作人员、主持人、其他参赛选手

【心理剧本】

第一幕

【家庭场景；羽陌在安静地看书，羽谖在烦心地翻书】

羽陌：谖谖，别担心，录取通知书一定会到的。来，吃块巧克力安安心吧。【递巧克力给羽谖】

羽谖【推开羽陌的手】：你确定上一本了当然不着急了，从小到大什么事都是你优秀，我呢？什么都不是。

母亲【拿着录取通知书走上舞台】：通知书终于到了！

羽陌【立刻起身帮母亲拿包】：妈，你回来了啊。怎么样，妹妹去哪所学校？

母亲【把通知书递给羽陌】：是个三本。

羽陌【接过通知书看】：妈，谖谖努力了。

母亲【走向羽谖】：羽谖，你怎么还在看闲书？看看你姐，这么用功，看看你，整天吊儿郎当的，以后踏入社会怎么办？

【羽谖起身从羽陌手里抢过通知书并走下舞台】

母亲：这孩子怎么这样啊！

羽陌：妈，你别说了，其实羽谖已经很努力。她付出挺多的，你别再责怪她了。三本怎么了，也是本科啊。

母亲：唉，我是为了她好，她怎么就不懂事呢！

【羽陌和母亲走下舞台】

❧ 第二幕 ❧

【学校场景；有人在舞台上拿着宣传单，羽谖和小蕊说说笑笑走上舞台】

小蕊【接过递过来的宣传单】：羽谖，是服装设计比赛哎！做服装设计师不是你的梦想吗？这么好的机会，一定要试试啊！

羽谖【拿过小蕊手中的传单】：是啊，那是我的梦想，我一定要试试！

小蕊【握着拳头做出鼓励状】：你一定能做到，加油！我会全力支持你的！

羽谖：嗯！我会的！那我现在就回去准备！

小蕊：嗯嗯！我也要去帮你收集材料。

【羽谖和小蕊走下舞台】

❧ 第三幕 ❧

【家庭场景；羽谖正在低头画设计稿，羽陌手拿资料走上舞台并走向羽谖】

羽陌：谖谖，有什么需要帮忙的吗？

羽谖【依然低着头画画】：谢谢你的好意！麻烦你走开，别打扰我设计好吗？

羽陌【将资料放在桌上】：谖谖，这是我收集的一些有关设计方面的资料，希望能对你的专业学习有所帮助。那你好好学习，我先出去了。【羽陌走下舞台】

【羽谖拿起资料，翻到其中一页，深深思考起来】

小蕊【走上舞台一侧】：哪儿都找不到羽谖，她可能在家里。【拿出手机拨打电话】

羽陌【接起手机】喂？

小蕊：哎呀，羽谖啊，你终于接电话了啊！我知道你专心于参加设计比赛，但也不能弃朋友于不顾吧？至少回个电话给我啊，我都快急死了，你知道吗？

羽陌：不好意思，我是她姐姐，羽谖在家里，你不用担心。你刚才说什么？羽谖在参加比赛？

小蕊：是啊，你不知道吗？服装设计是她的梦想，学校正好举办了环保服装设计

大赛，现在的她为了这个比赛全力以赴了。

羽陌：哦，好的，我知道了，羽谖在家里，你不用担心啊。

小蕊：嗯嗯，那就好。还有，姐姐，明天早上 10 点这个比赛报名就截止了，你一定记得提醒她去报名啊。

羽陌：嗯，你放心，我会提醒她的。

小蕊：嗯，那就这样。姐姐，拜拜！

羽陌：拜拜，谢谢你的关心。

【羽陌快步走向羽谖，羽谖趴在桌上睡着了，羽陌为羽谖披上外套并留了一张纸条后离开】

∽ 第 四 幕 ∾

【办公室场景；羽陌手拿报名表走上舞台】

旁白：第二天早上，羽陌本想叫羽谖起来去报名，但看见因为熬夜正在熟睡的羽谖，没忍心叫醒她。于是，羽陌拿起羽谖的报名材料前往了报名地点。

羽陌：您好，我是来替我妹妹报名参加比赛的。

工作人员：你先填下报名单。

羽陌：好的，谢谢。

工作人员：不客气。

【羽陌填写好后走下舞台】

羽谖【匆匆跑上舞台】：完蛋了，错过报名时间了！怎么办啊，怎么办啊？

【羽谖跑向正在清场的工作人员】

羽谖：等……等一下，我还要报名……我叫羽谖，让我报个名……

工作人员：羽谖？【翻看报名表】你看，你不是已经报过名了吗？

羽谖【查看报名表】：这……对，是我。抱歉，麻烦您了！

【羽谖疑惑地走下舞台】

❧ 第五幕 ❧

【家庭场景；羽陌正在看书，羽谖走上舞台】

羽陌【拿着报名表走向羽谖】：谖谖，你怎么不接电话？看，这是比赛报名表，周三下午一点参加比赛。

【羽谖接过报名表，从羽陌身边离开，坐下来制作衣服】

旁白：羽陌在羽谖身边坐下，帮着羽谖一起制作衣服，羽谖这一次并没有拒绝。

羽陌【欣赏着衣服】：羽谖，这衣服好漂亮，你一定能赢得比赛。

羽谖【羞涩低下头】：嗯。

❧ 第六幕 ❧

【比赛场景；羽谖试穿衣服，羽陌走向羽谖】

羽陌：我帮你可以吗？

【羽谖点了点头，羽陌手机响铃】

羽陌：喂，陈老师您好！真的不好意思，我这边有很重要的事情走不开，所以我决定放弃这次演讲比赛的角逐了。嗯嗯，谢谢您，再见。

【羽谖停住动作看向羽陌】

羽陌：怎么停下了？快，咱们得赶紧！

羽谖：哦……嗯……

【其他选手陆续走上舞台展示作品，羽谖紧接出场，摆出pose展示设计】

旁白：舞台上的羽谖突然间瞄到观众席中有一个熟悉的身影，妈妈竟然也来到比赛现场！妈妈高兴地看着羽谖并打出"谖谖加油"的标语，羽谖有一瞬间愣住了，而后自信地完成了比赛。

主持人：各位选手、各位来宾，本次大赛的结果即将揭晓！一等奖获得者是……那就是羽谖！热烈祝贺！下面有请羽谖同学发表获奖感言！

羽谖【走上舞台面向观众】：谢谢，谢谢！其实我参加这次比赛，是为了追求自己心中的梦想，是为了证明自己并非一无是处。我的妈妈和姐姐也来到现场给我鼓励，我特别开心！我想对妈妈和姐姐说，平时的我对你们的关心充满抱怨和拒绝，其实是源于我对现状的不满和不甘。直到今天，我才清醒地看到以前的自己是那么幼稚，那么自私，那么不通情理……在这里，我要郑重地对你们说一声：谢谢你们，我爱你们！

【羽谖拿着奖状跑到妈妈和姐姐身边，三人热泪盈眶并相拥在一起】

母亲：谖谖，对不起！以前是妈妈不好，总把你跟你姐姐比较。其实，你们俩是不同的，各有各的道路，妈妈以后会支持你在辽阔的天空中自由地追梦！妈妈爱你！

姐姐：谖谖，让我们一起朝着各自的梦想飞翔吧！

羽谖：嗯！

【谢幕】

第五篇 情满人间

　　除了自我之爱、友情之爱、恋人之爱和亲情之爱外，还有更大范围的爱，例如对社会的爱。每个人都是社会中的一分子，不能独立于社会而存活，当然，社会也离不开其中的每位个体。社会的模样就是其中大多数人的模样，我们每个人的眼界都应该更开阔些，特别是年轻人更应该胸怀天下，从"小我"到"大我"，从"小爱"到"大爱"。在现实生活中，有许多人喜欢抱怨他人、社会和世界，却从来没有尽己所能地去做些事情、尝试改变，即便是微乎其微、一点一滴。让我们拒绝冷漠，付出正能量，然后去拥抱爱，一切就会豁然开朗。

第一集　世间冷暖，你我同行

【主创人员】

黄坤、蒋文毅、柯涛、沈梦羽、汪春驰、王煜嫣、吴亦非、徐梦瑛、薛蕊、杨寅文、张振莲、张震宇、钟斯诺

【剧情简介】

你我本是陌生人，却在冷暖交织的生命中有了交集。一生很长，但也很短，罔知所措的生活，遗憾不已的感情。我们披荆斩棘、伤痕累累，各自寻求着"不虚此行"的答案，同行在路上。

【出场人物】

彬彬：已在杭电就读一年的国防协会成员

母亲：因疼爱儿子而不愿让他去参军的母亲

小吴：干练的职场女性

美女：精致的时尚女孩

强子：两年未回家且在工地受伤的工人

工友：强子的好朋友

小徐：杭州电子科技大学国防协会成员

其他人物：路人甲和路人乙、与美女邂逅的陌生人

【心理剧本】

❧ 第 一 幕 ❧

旁白：人们总说"机场比婚礼的殿堂见证了更多的爱情"，而城市地铁这串子弹头形状的白色列车却偷偷知道了多种生活的模样，那一节节的车厢见证了形形色色的人正和你我同行在守护生活的路上……

【舞台灯光亮起；背景音乐播放"客运中心站到了，请各位乘客带好随身物品准备下车"】

彬彬【快步上车】：妈，你坐。【随后上车的母亲却推着彬彬坐下】

母亲【拉着彬彬】：彬彬，你听妈跟你说……【旁边的路人甲和路人乙看过来】

彬彬【看了一眼路人甲和路人乙】：妈，你别在公众场合叫我小名！

母亲【小声说话】：好好好，我不叫我不叫，你考虑过你爸对你专业分流的建议了吗？

彬彬【声音抬高】：我就知道你跟过来是当说客的。别以为我不知道，爸他哪是建议啊，我看就是板上钉钉，铁了心不让我去当兵！【路人甲和路人乙轻声议论，路人乙还摇了摇头】

母亲：当兵有什么好？你说说当兵有什么好？我和你爸就你这一个儿子，我们怎

么舍得?【拉起彬彬的手腕】

　　彬彬【反拉起母亲的手腕】:妈,这么多年,你怎么就是不懂我!你们又不是不知道,我从小就梦想去当兵。你们能不能就答应我这一次!

　　母亲:我们是舍不得你吃苦,你这孩子就是不明白。你这孩子,根本不体谅我们的感受。

　　彬彬【甩开母亲的手】:为我好,为我好,我一点也看不出好在哪!不让我做我想做的事就是为我好了?你们不是为了我,你们是为你们自己!

　　【背景音乐播放"下沙西站到了,请各位乘客带好随身物品准备下车"】

　　母亲:你!好,我不管你了!

　　【母亲起身下车,彬彬双手抱头,路人甲下车】

❧ 第二幕 ❧

　　路人乙【转头看了看彬彬,拍拍彬彬的肩膀】:大学生想当兵,有志向是好事啊!年轻人不要气馁。【彬彬摇了摇头】

　　【小吴踩着高跟鞋上车,扶着额头坐下,手机铃声响起】

　　小吴:你好,领导!

　　领导【以下均为背景声音】:小吴!你怎么回事儿?你这个工作态度让我对你很失望!

　　小吴【身体僵硬】:静姐,是我的工作出现什么问题了吗?

　　领导:你还好意思说!亏我那么信任你,直接把你整理的材料给老板看,没想到材料里面存在那么多问题!你自己能力不行,害我也被老板臭骂!

　　小吴【连忙回应】:静姐,这期报表不是我做的,是咱们部门的小刘做的,并且依您的意思是直接交给您审核的,从头到尾都没有经我的手啊。

　　领导:我看你这是强词夺理!我刚刚问了你的组员们,都说组长要负主要责任。

　　小吴:静姐,可是这确实不是我做的报表啊!

　　领导:你担任组长的职务却负不起组长的责任,做报表这么基础的事情都做不

好，还当什么组长！

小吴：静姐，你是知道我的！我已经做过三期的报表了，从来没有出过什么问题，这期的报表真的不是我做的！

领导：那看来是我的问题了！好啊，小吴，我看你这组长也别当了！【挂断电话】

小吴：喂，喂，静姐……【攥着手机怅然若失】唉，996都快变成007了，我还是没法在这儿立足。【自嘲地摇头】

【背景音乐播放"金沙湖站到了，请各位乘客带好随身物品准备下车"】

【路人乙下车】

♋ 第 三 幕 ♋

【妆容精致的美女上车，端庄地在空位上坐下，从包中取出镜子检查妆容】

美女【在包里不停翻找】：口红呢？另一支色号的呢？他说过涂着好看的那支去哪了？我出门明明带上了呀！气垫呢？气垫怎么也不见了，气死我了！

小吴【转头安慰】：姑娘，你别着急。

美女【继续翻找】：啊，找到了，找到了！那个，我赶时间，想补个妆，请问方便帮我拿下东西吗？谢谢你啊！

小吴【双手接过】：嗯，好。

【美女手机响了】

小吴【不经意看了眼手机屏幕】：你是要和屏保上的帅哥约会吧！

美女【停顿一下】：已经不是男朋友了。

小吴：哦，抱歉。

美女【补妆结束，拿过东西】：太谢谢你了！

小吴：客气了。

【美女拿出包里的一张红色请柬翻开】

小吴：这婚帖上的男生和你手机上……

美女【浅浅一笑】：嗯，我是去参加他的婚礼，我要祝他和别人幸福了。

小吴：你也会遇到属于自己的幸福的。

美女：嗯，一切都已经过去了，我想在今天和过去的自己好好道别。

小吴【若有所思，低声自语】：或许我也应该重新开始，让明天成为新的开始。

【背景音乐播放"高沙站到了，请各位乘客带好随身物品准备下车"】

【小吴和美女相视一笑，一起下车】

❧ 第 四 幕 ❧

【两位农民工上车，工友搀扶着阿强】

工友：来，哥，你坐这儿。

阿强：好，你也坐。

工友：哥，最近嫂子咋样了？她知道你在工地上受伤了吗？明明咱们赚的都是血汗钱，不偷不抢还处处看人家脸色，咱们的工钱可是一拖再拖！这老板也是黑心，也不认你这伤，非说咱们讹他！这世道，还有没有咱老实人的出路！

强子【拍了下工友的腿】：我最近没和你嫂子打电话，怕她知道我受伤的事儿。你也不许和她说漏嘴，家里老人孩子都需要照顾，可不能让她再额外为我操心了。工钱的事不急，咱们再想办法。

工友：可是你……

【手机铃声响起，阿强接起电话，工友凑身过去】

妻子【以下均为背景声音】：强子！

强子【故作轻松】：媳妇儿！家里最近咋样！

工友【急忙凑近】：嫂子！大哥他……【强子用手堵住他的嘴】

妻子：你最近也不和我通电话，也不知道问问家里情况！

强子：我想赶紧把这单工程做完，好快点赚到钱寄给家里啊，家里小崽子没惹你生气吧？

妻子：强子，你都整整两个年头没回家了。这年都过去这么久了，关于回家你一个字不提，是老板又拖欠工资了吧？说好的年里边儿团圆，娘一直念叨着你会给孩子们带着礼物回来，不知道她迎着大雪去村口守了多少次。我说给你打个电话吧，娘说怕你担心家里。娘也年纪大了，亏得老大老二都是懂事的孩子帮着我照顾娘。一家人念叨你，都说想你了。

强子：唉，是我没本事，出来打工也没能让家里过上好日子。但是你让娘放心，等要到工钱我马上回家！【彬彬抬头看向阿强】

妻子：强子，咱一家人在一起比啥都强。虽然日子穷，但家里老人孩子看到你就开心。我知道你在城里打工不容易，但你一定要照顾好自己。你是家里的盼头，家里守着你回来。

【挂断电话】

强子【攥着手机】：唉，我也想你们啊。

【背景音乐播放"文泽路站到了，请各位乘客带好随身物品准备下车"】

【所有人下车，舞台灯光熄灭】

第五幕

【舞台灯光亮起，彬彬走上舞台】

小徐【费力地扛着枪，远远看见彬彬】：彬彬！等会儿我！

【彬彬停下脚步回头看】

小徐【追上彬彬】：不行了，沉死我了。快快快，帮我托一会儿！你今天上哪儿去了，训练怎么没来？你这拿的啥，兵役意愿表？【彬彬拿住小徐递过来的枪】

彬彬：小徐，你说我是不是可能就不适合当兵呢？

小徐：你想什么呢？会长都说了你是块好料子！不过要我说，你这身子板的确是有点窄，哎，柠檬精小徐酸了。

彬彬：你一女生对当兵这事有啥好酸的？

小徐：不是我说，你这可是歧视啊，谁心里还没点想法！呐，给你看新闻中心刚整理好的训练照！谁说女子不如男了！【边说边打开手机给彬彬看】

小徐：你看，这一张是我们刚进国协的时候！这一张是我们去钱塘江拉练！哎，你看，这一张是授衔仪式！你知道吗？其实国防协会帮我圆梦了，圆的倒不是什么军旅梦，圆的是无论做什么总有一群人在身后支持你，给你传递去拼去争去奋斗的力量。你说我们是不是也和协会一起在成长呢？

彬彬：小徐！谢谢你们支持我！【说着把枪递还给小徐，攥紧意愿表快步下台】

小徐：支持啥！哎！你等等我呀！【跟着彬彬快步下台】

❧ 第 六 幕 ❧

【背景音乐响起】

小吴拿着文件夹上台，脚步轻快，一脸洒脱。

工友走在强子后面，强子停下并拍了拍工友的肩膀，两人相视一笑振作起来。

美女边看请柬边走路，撞上了迎面走来的男人。男人俯身捡起掉地上的请柬并真诚道歉，两人对视了一会儿后各自离去，但两个人都停下来回头看了眼对方。

旁白：人生如痴人说梦，充满喧哗与躁动。我们每一次崩溃的理由，在旁人看来可能是小题大做，只有自己心里清楚自己有多难过。但你不是一个人在为过去遗憾，也不是一个人在当下迷茫，更不是一个人在为未来奋斗！我们各有各的精彩，我们一起在路上！

【谢幕】

第二集 余光不及之处

【主创人员】

陈保成、陈星杵、丰雨薇、韩濮泽、李佳、李欣悦、林统、刘芷煜、孟瑞韩、邵吴彧、谭以乐、向苡

【剧情简介】

有时候别太相信自己的眼睛，也许我们看到的并不是事实的全部。幸运的话，一些误会可能解开，我们就会知道原来并非如此；但很多时候，这个误会往往就继续下去了。例如，我们有时不能接收到陌生人的好意，相反，还弄巧成拙冤枉他人。

【出场人物】

男一号：低血糖患者

男二号：校医院急救队队员

男三号：热心但害羞的在校大学生

女一号：学校附近超市的营业员

女二号：男一号的女朋友

女三号：以为男三号是骗子的女大学生

其他人物：路人甲、黑衣人

【心理剧本】

❧ 第 一 幕 ❧

【舞台左侧灯亮；教室场景，男一号坐在桌前看书】

男一号【扶着额头】：唉，低血糖又犯了。【翻看上衣口袋】巧克力吃完了，怎么又忘记买了？

【男一号起身收拾东西，舞台左侧灯灭；舞台右侧灯亮，女一号咬着棒棒糖坐在桌子后面看手机，桌子前立着"超市"字样的牌子】

男一号【略显吃力地走到桌子旁边，握有手机的右手扶住桌子】：你……你好，麻烦来块巧克力。

女一号【吃着棒棒糖，打量了一下男一号】：巧克力卖完了。

男一号：啊……啊？卖完了？【放下手机，抬起右手，指着桌子上的一根巧克力】那不还剩一块吗？

女一号【把巧克力收到桌洞里，低头看手机】：不好意思，这个不卖。

男一号【提高声音】：你这人怎么回事儿，明明有，为什么不卖啊？

女一号【低头看手机】：不卖就是不卖，你可以买其他东西。

男一号【转身走开】：莫名其妙！算了，不买了！【手机掉落在桌子上】

女一号【站起身来】：喂！

【舞台左侧灯灭，舞台右侧灯亮；教学楼道场景，男一号踉跄倒地】

男三号【快步走上舞台并轻拍男一号】：同学？同学！你怎么了？你醒醒啊。

男一号【微微起身】：没……没事，我只是低血糖犯了，麻烦你扶我起来就好。

男三号【轻轻扶起男一号】：低血糖？那我给你买点吃的吧。正好楼下有个自动贩卖机，我给你买瓶可乐行吗？

男一号：啊，好，谢谢，太麻烦你了。

男三号：那你等我会儿。【起身走下舞台】

男一号【翻找手机】：咦？手机呢？难道丢了？唉！真是屋漏偏逢连夜雨啊。【双手扶住额头，舞台灯光熄灭】

❧ 第 二 幕 ❧

【舞台灯光亮起；教学楼楼道场景，女二号抱着很多书踉跄地走到舞台中央】

女二号：啊，这学期的书可真多。待会儿可能要下雨，我得快一点儿。【加快步速】

【男二号抱着一个小箱子跑上舞台，与女二号正面相撞，两人倒地，书也散落了一地】

女二号【坐在地上开始揉脚】：怎么不看路呢？

男二号【赶紧起身扶起女二号】：对不起！对不起！你没事吧？

女二号：哦……哦，还好，没什么大碍。

男二号【看了一眼散落的书】：哎呀，实在不好意思，我现在还有点急事。对不住，我就先走了。【转身跑下舞台】

女二号【愣在原地】：啊？哎！你等等……这人怎么这样？把别人撞倒了，就两句对不起了？这么多书，也不帮忙，真是服气。【尝试起身失败，一屁股坐回原地】

女二号：啊！脚好痛啊。这人也太不道德了吧。

【路人甲边看手机边走上舞台，碰巧踩到书并随脚踢开】

路人甲：这谁乱扔东西啊！

【手机铃声响起】

女二号：喂？什么？！我男朋友晕倒了？！受伤了吗？严不严重啊？嗯，嗯，那他现在在哪儿？嗯，嗯，好的，我马上到！

【舞台灯光熄灭】

❧ 第 三 幕 ❧

【舞台灯光亮起；教室场景，女三号走上舞台坐下并把书包放在桌子后面】

男三号【跑上舞台】：同学，你好！冒昧打扰了。事情是这样的，有位同学出现了低血糖，我想给他买点吃的，身上没带现金，手机也没电了，你能不能借我点钱去买点东西啊？

女三号：啊？【思考一会】呃……同学，不好意思啊！我也没带现金的习惯，今天出门刚好又忘拿手机了，真的不好意思啊。

男三号：这样啊，那好吧，不打扰你了，我再想想办法。【转身跑下舞台】

女三号【确认男三号走远】：骗子都进校园了吗？这么拙劣的手法真当我是傻瓜啊！

【女三号开始看书，黑衣人悄悄走近，偷走了女三号的书包】

女三号：哎呀，室友还约我一起去图书馆呢。【转身拿包，包却消失了】咦？我的包呢？我刚才明明放这儿的呀，现在怎么不见了？难道……难道是刚才的那个骗子？！哎呀，我怎么这么大意啊，东西全都放里面了，这可怎么办啊！【趴在桌子上哭起来】

【舞台灯光熄灭】

旁白：这个世界真的不美好吗？这个世界里的人真的不可爱吗？我们看到的，是不是就是事实的全部呢？"

❧ 第 四 幕 ❧

【舞台灯光亮起；教室场景，男三号跑上舞台，轻拍哭泣的女三号】

男三号【拿起书包】：同学，这是你的书包吗？

女三号【缓慢抬头】：嗯？嗯，是的。可是，怎么回事？

男三号【抬手擦汗】：就是，事情大体是这样的。

旁白：让时光倒流，我们一起看看当时发生了什么。

男三号【面对观众】：话说当时，我刚走出教室，看到一个人鬼鬼祟祟地摸进了教室。【黑衣人走上舞台并东张西望，停在教室门口探头探脑，蹑手蹑脚走进女三号，轻手轻脚拿走书包】

男三号【面对观众】：我感觉不对劲，回头看了一眼，恰好看到他拿着一个书包偷偷摸摸地走了出来，而且这个书包好像十分眼熟。在哪里，在哪里见过你？不好，这人是小偷！说时迟那时快，我用迅雷不及掩耳之势冲了上去！费尽九虎二牛之力，终于拿回了书包，却被他打了一拳，哎呦【摸了摸脸】

女三号：原来是这样啊，那你现在还疼吗？【凑近男三号】

男三号【害羞地后退】：没……没事！男子汉大丈夫，这点伤算什么啊！嘿嘿！

女三号：不好意思，麻烦你了，真的谢谢你。

男三号【害羞地摸摸头】：嗨，多大点事儿啊。哦！对了，我看你包里有点零食，能帮我一个忙吗？

女三号：啊？嗯……好吧！

【舞台灯光熄灭】

❧ 第五幕 ❧

【舞台灯光亮起；教室场景，男二号拎着小箱子跑上舞台，跑到男一号身边】

男二号：同学，怎么样了？我是校医院急救队的。

男一号【懵了一下】：哦，没事，只是有点低血糖。

男二号：那赶紧吃点东西吧，还有其他地方不舒服吗？

男一号：刚才晕倒的时候好像扭伤了脚。

男二号：那我给你处理一下。

女二号【走上舞台，跑向男一号】：你怎么晕倒了？你是不是又没按时吃饭啊！

男一号：我没事了，别担心了。

男二号：好了，我简单给你处理了一下，没问题了。

女二号【看向男二号】：怎么是你？！

男一号：怎么回事？

女二号：这个人刚才撞倒了我！

男二号：抱歉，我刚才接到电话说有人晕倒了，我着急过来，没看路，不小心撞到你，真的很对不起。哎哟！

女二号：你怎么了？

男二号【蹲下揉脚】：刚才撞倒的时候扭到了，可能着急赶过来自己都没发现呢。

女二号：原来……原来你刚才跑开是为了尽快赶过来。对不起，我误会你了，该道歉的人应该是我。

男二号：没事，这是我的本职工作，这点儿小伤不碍事。

女二号：真的谢谢你。

男一号【看向女二号】：对了，你是怎么知道我晕倒了？

女一号【走上舞台】：是我。我是看你脸色不对，感觉不太对劲儿。再说，你手机落在我那里了，我就跟着过来了。看到你晕倒了，也看到有热心同学扶你起来了，我就赶紧打电话通知校医院急救队，也顺便通知了你女朋友。呐，手机也没个锁屏密码。【递过手机】

男一号：可是你把巧克力卖给我不就好了吗？

女一号：巧克力？哦，你误会了，那块巧克力过期了，卖给你吃那还得了，我可不是那种无良商家啊。

男一号：那你刚才明说不就好了？

女一号：这个……这个是我的错，我不想让别人知道我忘了将过期食品及时撤柜。

男一号：这样啊，对不起，我刚才误会你了。谢谢你！

女一号：我也有错，对不起了！

【男三号和女三跑上舞台】

男三号，来，先吃点零食缓缓。

男一号：太谢谢你了。

男三号：举手之劳何足挂齿。

女三号【面向男三号】：原来……原来你说的都是真的，我还误会你了。

男三号【转向女三号】：嗯？你说什么？

女三号：嗯，我想很真诚地跟你说一声……

所有人【走上舞台并面对观众】：谢谢你，陌生人！

【谢幕】

第三集　不屈的生命

【主创人员】

崔嘉琪、焦海润、童鑫、万弘宇、汪晶晶、王茹鹏

【剧情简介】

男主角连续两年一直在路边免费帮路人画画。在绘画的过程中，他通过与路人进行交流，帮助他们解决心结。可谁又能想到，这样一个温暖的男孩却背负着巨大的痛苦。他在努力为别人带来快乐，那么谁又能为他带来快乐呢？

【出场人物】

男主角：极具绘画才能的大学生

女学生：认为自己不够美丽的女孩

中年人：事业和感情双失败的生意人

老年人：默默关爱男主角的美院老教授

【心理剧本】

✧ 第 一 幕 ✧

【广场背景；舞台中央支起"免费画像"的招牌，男主角抱着画板坐在旁边低头沉思】

旁白：某个星期天的下午，某市的中心广场。

【女学生走上舞台并走向男主角】

男主角【抬头微笑】：您好，要画像吗？

【女学生有些犹豫地坐下，捋了一下有些乱的头发】

男主角：您可以放轻松些。

【男主角放好画板开始作画】

男主角：您好像不开心？

女学生：你怎么知道？

男主角：我是画人像的，这点观察力还是有的。

女学生：和你没什么关系。

男主角：是的，我们之间的确没有什么关系，我只是希望画中人都可以感到快乐。

女学生【沉默片刻】：那……那我问你一个问题？

男主角：您问吧！

女学生：你……你觉得我是不是……长得特别难看？【捋捋自己的头发，紧张地等待回答】

男主角：不。谁说的？谁这么没有眼光？我觉得您很好看。

女学生【笑着低下头】：你是为了让我开心吗？

男主角：不，我没有骗您。您长得很有特点，很像一幅著名油画里的女子，尤其是眼神里那淡淡的忧郁，有一种飘忽不定的神秘气质。哦！我想起来了，那是陈易飞的一幅油画，名字叫《忧郁的秋天》。画里是一位美丽的女子，凭窗而望，思念远方的心上人。正是因为那个眼神，这幅画还获过国际大奖呢。

女学生：真的吗？【从包里拿出一面小镜子照了几下又收起来】你是美院的学生吧？

男主角：嗯，是的，我是美院的。

女学生：搞艺术的人就是不一样，看人的眼光都与众不同！

男主角：您过奖了。

女学生：其实，我……我是一个很自卑的人，特别害怕与别人交往。

男主角：那又何必呢？其实每个人都有自己的闪光之处，只是有些人的明显，比如漂亮的脸蛋、匀称的身材，而有些人的优点隐藏在他们的外表之下，比如善良的品行、平和的性格……我倒觉得后者更为持久、更为可贵。

女学生：话虽然这么说，可是世人的眼光……

男主角：为什么要去管别人的眼光呢？你的生命是你自己的。

【男主角画作完成】

男主角：我有个请求？

女学生：啊？什么请求？

男主角：您可以把这幅画留给我吗？我可以再给您画一张。

女学生：那可不行！【拿过画看了一会儿】真的很好看呢，谢谢你啊！

男主角：不用客气！

女学生：再见！【哼着歌走下舞台】

男主角：再见。

✎ 第 二 幕 ✎

【男主角抱着画板抬头望着，中年人边打电话边走上舞台】

中年人：你说什么？他们突然不签了！我们损失了一百多万！【用手挠头】什么什么？银行又来催账了？最迟这个月底？我去，这笔生意没做成，月底到哪儿弄钱去！好了好了，你自个儿看着办吧，别来烦我！【挂了电话，走了两步，手机响起】喂，谁啊？你打错了！【挂了电话，手机响起】喂，你是不是有病啊？什么？老婆啊！你在哪儿？在纽约啊。什么！在纽约？老婆你别开玩笑了，我现在烦着呢！没开玩笑？！【愣在原地】你在那儿干什么？你不是去上海了吗？怎么转眼就到英国了！啊？美国啊。什么？你说大声点！我听不清楚。祝我幸福？你说离婚？【晕倒在地】

男主角：先生，您没事吧？您先坐会儿吧。

中年人：坐会儿？嗯，坐会儿，是该坐会儿了。【沉默片刻】

男主角：您怎么样？不要紧吧？【中年人发呆】先生，那我给您画张像吧，免费的。

中年人：画像？哦，画像，画吧。小伙子，就给我画张……画张遗像吧！【双眼紧闭】

男主角：先生，您可真会开玩笑！

【老年人慢慢走上舞台，静静站在男主角身后】

男主角：先生的长相有点奇怪呢，头部的比例好像不大对呀。

中年人【睁开眼睛】：不对！我今天到底是怎么啦？！公司跨了，老婆跑了，现在连我的长相也不对！呵呵！好啊！不对就不对吧！反正活着也没有什么意思了。

男主角：先生，您先别着急，听我慢慢给您分析。我知道一种说法，就是三庭五眼。所谓三庭，是说从一个人的发际到眉心、从眉心到鼻、从鼻底到下巴，长度都是相等的。但你看看，您的发际到眉心，也就是您的额头，是不是明显比其他两段长一些？

中年人：那又怎样？

男主角：我研究过曾国藩关于相面的一本传世奇书《冰鉴》。按照上面的说法，这样的人大都聪慧敏捷、才智过人，但前半生很可能浮沉不定，特别是到了而立之年，可能会遭受巨大的变故,事业和婚姻都可能出现很大的危机。

中年人【摸摸额头】:难怪啊!我以前老觉得这大脑门儿不对劲,你说我爸妈怎么就给我这样一个长相呢?

男主角:先生,我还没有说完呢。书上还说,经历过巨大变故之后,这个人如果怨天尤人、灰心丧气,他这辈子很可能就一蹶不振、郁郁而终了;但如果重整河山、奋起拼搏,他将会取得惊人的成就且后福不可限量。

中年人:啊?!重整河山?我怕是没有那个力气了。

男主角:怎么没有?您看【递画过去】您多精神!

中年人【看着画说】:这……这是我吗【沉默片刻,突然顿悟】小伙子,你真是一语点醒梦中人啊!你说得对,这点挫折算什么,这点打击都承受不起,我还算什么男人?我要重整旗鼓!我要奋起拼搏!

【中年人走下舞台】

❧ 第三幕 ❧

【男主角收拾绘画工具,老年人走到男主角面前坐下】

男主角:老人家,您要画像?

老年人:画吧。你每个星期天都在这画?

男主角:嗯,您认识我啊。也是,我在这里差不多有两年了吧!

老年人:为什么免费呢?

男主角:一方面想接触下更多的人,另一方面也想提高下绘画水平。您看,我免费画像,你们不也是在为我做免费模特吗?

老年人:这么说,你还挺会算账。小伙子,你也给我看看相如何?

男主角:嗨!老人家,我哪儿会看什么相。其实,刚才那些话都是我瞎编的。

老年人:那又是为什么呢?

男主角:为了让他快乐点,为了让他仍然对生命充满热情和希望。

老年人:你对每个人都是这样吗?

男主角：每个人都应该快快乐乐，但这只是我的希望而已，生命中总会有痛苦和不幸。

老年人：那你自己呢？你快乐吗？

男主角【猛地抬头】：我？我快乐吧，挺快乐的。咦，老人家有些面熟啊？

老年人：哦？是吗？你看这阳光，多好啊！

男主角：是啊！

老年人：你说这乌云能遮挡住阳光吗？

男主角：乌云终将会散去的。

【男主角沉默片刻，递画出去】

男主角：老人家，您看看，画还行吧？

老年人：从专业的角度上，你的画几乎是完美的，无论是明暗对比，还是解剖与透视，都是无可挑剔的。但是，小伙子，不知道你发现没有？

男主角：什么？

老年人：尽管你一直想把快乐带给别人，但你自己的内心却并不快乐。你的笔触，那么沉重，我能从中感受到你内心的矛盾和痛苦。

【男主角手中的画笔掉到地上】

男主角【弯身捡笔】：啊？您是？

老年人：何中立。

男主角【急忙起身】：何中立？您是老院长！难怪觉得您面熟！您怎么会在这里？

老年人：我首先要告诉你一个好消息，你的油画《不屈的生命》已经入选第十八届巴黎国际绘画展，这是我国美术作品近十年来首次入选。这不仅是你的个人荣耀，也是我国美术界的光荣啊。祝贺你！

男主角：是吗！太好了。可是，我其实一直想做您的学生。

老年人：你已经被保送为我的研究生了，下学期一开学……

男主角：下学期？我……我怕是没有下学期了……【抽泣起来】

老年人：不，你还有很长的人生路。来，跟我一起走吧。

【老年人拉起男主角的手】

男主角：走？去哪儿？

老年人：去医院啊！

男主角：医院？可是……

老年人：我是今天早上才知道你……知道你患了白血病。你为什么要瞒着大家呢？

男主角：我……

老年人：我知道你是怎么想的。你对别人那么有爱心，怎么对自己就没有爱心了？刚才学校召开了一个紧急会议，决定在明天进行美院师生作品拍卖会，所得的钱全部作为你的医疗费用，而且还有很多好心人主动要求为你捐献骨髓。

男主角：这……这让我怎么感谢大家呢？

老年人：好了，走吧。

【谢幕】

第四集　赏花

【主创人员】

陈蕾、崔文婷、董进轩、华凯纯、金路亚、林路、沈旭煜、徐心宇、张钲宇

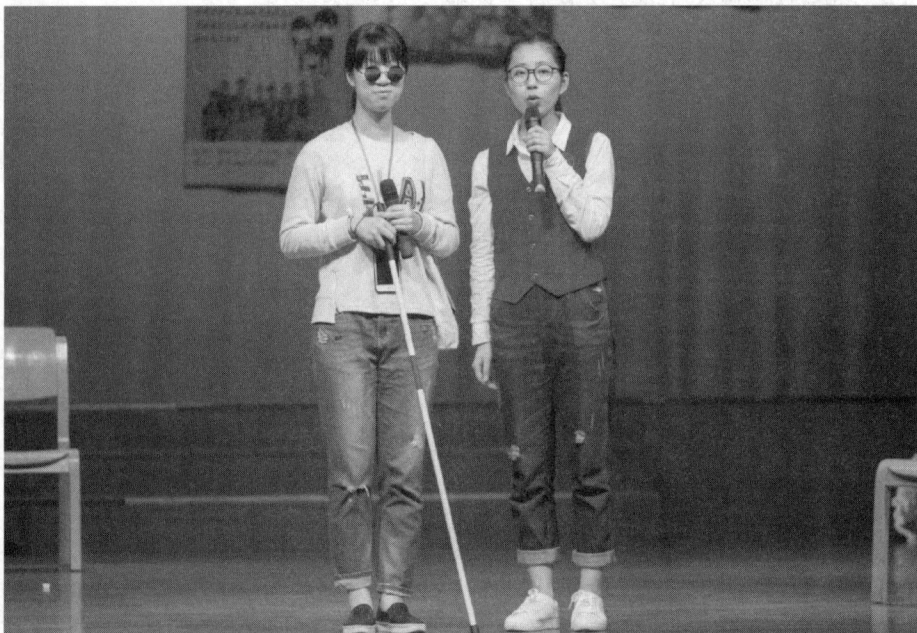

【剧情简介】

因为意外车祸而丧失光明，盲人的世界自此陷入了灰色。机缘巧合，盲人前往国际花展，碰到一名热心的志愿者，她那充满色彩和温度的讲解，让盲人重新感受到生活的美好，重新燃起了生命的火花！

【出场人物】

盲人：因失去光明而感知不到生活美好的残疾人

志愿者：愿帮助他人并给他人带来温暖与快乐的大学生

其他人物：工作人员甲和乙、游客甲、乙、丙和丁

【心理剧本】

第一幕

【检票口场景；盲人走上舞台】

盲人【接听手机】：我到了，你在哪呢？

旁白：呃……抱歉，那个……我来不了了，我临时有工作要做。

盲人：什么？来不了了？那我要怎么办？因为你说你想来，我才决定来的，现在我人都到了，你却说不来了！

旁白：唉，我是真的推不了啊，本来真的想和你一起放松下心情的。那次车祸真的吓坏我了，万幸的是你活下来了，可还是让你失明了。我真的很心疼你，你看我好不容易买来的票，你就进去逛逛吧！

盲人：好吧，刚才我有点激动了。那么，既然来了，我就进去吧。

【盲人挂断电话，缓慢走向检票口】

盲人：您好，请问这里是国际花展中心吗？

工作人员甲：那么大的牌子不是写着呢嘛！

盲人：呃……那个，我看不见。

工作人员甲：看不见啊！你有事吗？【将手放在盲人面前摆了摆】

盲人：朋友给了我一张门票，他特地推荐我来赏花。

工作人员甲：啊？赏花？真的假的？你要赏花？我没听错吧，你看都看不见，怎么赏花？

【工作人员乙跑上舞台】

工作人员乙：抱歉，我来了！迟到了，对不住啊！

工作人员甲：怎么才来呀，这里有个盲人要进去赏花，真是 interesting!【工作人员甲手指着自己脑部画圈，表示盲人可能精神有问题】

盲人：那个，不好意思，能不能麻烦你们帮我检下票呢？

工作人员乙：您稍等一下，我这就检票！

工作人员甲【拦住工作人员乙】：不行，她不能进！万一她撞了游客或游客撞了她，或者说万一她就是来碰瓷的呢？到时候出了事，我们谁能负责？

工作人员乙：她有票当然能进！

工作人员甲：不行，她绝对不能进！

盲人：要……要不我还是走吧，毕竟什么也看不到，我也不知道我一个盲人能欣赏什么？

工作人员乙：您等等。

工作人员乙【转向工作人员甲小声说】：来，我们石头剪刀布!【工作人员甲输】好了，你输了，愿赌服输！

工作人员乙【转向盲人，边检票边说】：话说回来，您怎么赏花呢？

盲人：我……我……

工作人员乙：算了算了，您进去吧。

【工作人员甲和乙走下舞台】

❧ 第 二 幕 ❧

【花园场景；志愿者走上舞台】

志愿者：您好，我是本次花展的大学生志愿者。请问您需要什么帮助吗？

盲人：嗯，谢谢你了，能麻烦你介绍介绍吗？

志愿者：非常愿意，您小心脚下，我扶着您走吧。【扶住盲人】

志愿者：这次花展的规模很大，您可以欣赏到来自各个国家不同种类的花花草草，它们都代表了来自不同国家的诚挚祝福。现在我们来到了一大片郁金香田，就好像一盏盏精致的酒杯摆满了整片草地。荷兰人很喜欢这种花，所以把它定为国花，还曾因为人们的过度追捧而引发经济危机。可是，花本身又有什么错呢？都怪人们太过贪婪了。人们不知道满足和珍惜，所以才会有生活中的悲剧。

盲人：是啊，很多人都是身在福中不知福，你看看，我因为车祸再也看不见了。谢谢你，你讲得很好，可惜我只能感受到风。

志愿者：虽然您的眼睛看不到了，但是您其他感官的潜力却被激发出来了啊！我们每个人都平等地拥有感知权利，这也是自然法则啊！

【游客甲和乙走上舞台】

游客甲：咦，你看那个是盲人吧？

游客乙：貌似是哎！像扫雷的。奇怪了，看不见也能来赏花啊？

游客甲：今天是愚人节吗？

游客乙：瞧你那傻样！愚人节早过了。

游客甲：我真是不能理解这盲人来干嘛？

【游客甲和乙走下舞台】

志愿者：好了，我们继续往前吧。现在我们到了月季花田，这里有各种颜色的月季花呢！桃粉色的、米白色的、大红色的、淡紫色的，这儿还有颜色渐变的呢！月季花的花语是希望和幸福，其实每个人也平等地拥有幸福的权利，不管事情多么糟糕，总还是会有希望的，不是吗？您再闻一下，您会发现月季花的香味也很浓郁呢。

盲人【深深吸气】：是啊，比石楠花好闻多了。

志愿者：请您过来这边。月季花又叫月月红，它一年四季都能开花，就好像一个人一年四季都能开心如初。它总是把自己的热情用香味传递给别人，就好像一个人总能把自己的快乐传递给他人，所以它很受人们的喜爱。

盲人：我小时候家里养过月季花，现在隐约还记得长什么样。不过，我从来没想过它的名字还有这样的寓意，但是听起来的确非常有道理。

【游客丙和丁走上舞台】

游客丙：哎呀妈呀！你咋还拍呢，导游喊着集合了！

游客丁：我在赏花啊，多拍点好看的照片，要发朋友圈的。对了，你要记得给我点赞啊！哎呀，快到点了！

游客丙：我说你也不用着走那么快啊！

【游客丁快步走向盲人的方向】

游客丁：哎哎哎，让一下！

【盲人不知所措，两人撞到一起】

游客丁：哎呀妈呀！你眼瞎啊？

盲人：我刚才没来得及躲避，只能听得到但是看不到。

游客丁：对不起，这可真是尴尬！

游客丙【拉住游客丁】：你怎么回事？【转向盲人】不好意思啊！

志愿者【扶住盲人】：您没事吧？

盲人【连忙摆手】：没事没事。【游客丙和丁走下舞台】

志愿者：我们再往前就是樱花林了。五片花瓣，粉里透白，纤细的花丝在中央微露，地上铺了一层被吹落的花瓣呢！因为樱花是日本的国花，所以人们认为日本是樱花的原生地。实际上，早在秦汉时期，中国的宫苑里就有种樱花树了。樱花象征着纯洁和高尚，有句古诗曾经写道：落红不是无情物，化作春泥更护花。落英纷飞的时候很好看，因为它不仅绚丽地绽放过，而且最后还把自己奉献给大地。如果我们不仅能让自己开心，还能为他人的幸福做出一点努力，那么我们的人生就会更有意义了！

盲人：是啊！真是很奇妙！之前我一直在质疑，我一个盲人怎么去赏花。我什么都做不了却只能拖累别人，我自己痛苦的同时也让我身边的人感到痛苦。自从眼睛看不到后，我一直不知道我活着的意义是什么。我只是在一味地抱怨自己的不幸，从未试图主动变得快乐，似乎失去光明就失去了整个世界。我也从未考虑过爱我的人的感受，我身边的亲人和朋友都在告诉我，要打开心扉去感受生活中的美。谢谢你的讲解，今天我似乎明白了，就像月季花开一样，我应该让自己更快乐一些。

志愿者：能为您解说是我的荣幸。我经常看到游客纷纷、脚步匆匆，却很少有人沉淀下浮躁，用心去欣赏。虽然您失去了光明，但我觉得您会拥有常人所缺少的宁静，就像这些花，各自开出了自己的风格。希望您能乐观地对待生活，因为生活还是可以充满色彩的！

盲人：谢谢你！今天真的很愉快！

志愿者：再见！

盲人：再见！

【志愿者走下舞台】

❧ 第 三 幕 ❧

【检票口场景；工作人员甲和乙走上舞台】

工作人员乙：您好，赏到花了吗？

盲人：是啊，真是段奇妙的旅程啊！我发现虽然我看不到，但是我还能听得见、闻得见、摸得见、感受得到。其实我的状况也没那么糟糕，生活中总是充满希望和快乐的。不惜眼前春光大好，更待何时生意盎然？谢谢你们，再见！

【盲人走下舞台】

工作人员乙：她还真不是碰瓷儿的啊，我要是看不到了肯定都不想活了！我天天在这儿值班，却从没想过进去赏赏花，还真是浪费了个好机会！看来我该进去好好感受下，顺便多拍几张照片去分享！

工作人员甲：等会换班，我们一起去逛逛吧！

【谢幕】

附录　大学生原创心理微电影推荐

请您在哔哩哔哩（bilibili）网站或腾讯视频网站搜索关键词"杭电心理微电影"或下列作品名，即可观看。

《心声》

《真爱》

《三个我》

《爱的贷价》

《Four Ever》

《零到正无穷》

《过去的现在》

《关于喜欢你》

《我们的故事》

《Say Something》

《狂妄少年的蜕变》

《谁的青春不迷茫》

《关于爱情的一些故事》

《我们差之微毫的世界》

《万万没想到之我的大学》

《致我们即将成为的学长》

《三分钟看完无面男连续杀人事件》